みんなに知ってほしい

日本のものすごい10人の住職

『月刊住職』編集部 編

興山舎
KOHZANSHA

はじめに——次の世もまた寺院住職になりたい！

「もし生まれ変わったら、僧侶になりたいですか?」とたずねたら、僧侶の七割が「またなりたい」と答えている。理由は「こんな素晴らしい聖職はほかにありません」「僧侶になるために生まれてきた」「何度でも僧侶になりたい」「得度五十年、生涯に悔いはないけれど再度、衆生救済に挑戦したい」といった声が聞かれた。

創刊四十五周年を迎えた寺院住職のための実務情報誌『月刊住職』では毎年、読者である寺院住職を対象にアンケート調査を行っているが、以上はその一端だ。他では全くといっていいほど知られていない住職たちのホンネだと思うので、もう少しアンケートを紹介したい。それでは「もし生まれ変わったら今のお寺の住職になりたいですか?」と聞くと、「なりたい」は47%、「なりたくない」は26・5%という結果だった。先の僧侶七割と寺院住職とでは違いが鮮明だ。ではなぜ「なりたくない」のか。

「お葬式だけでなく、もっと楽しい布教をしたいので、今のお寺ではだめです」「仏道に専念するため。できれば今よりもっと小さな山寺に入りたい。来客が多くて心静かにできる時間がない」「死期の迫った高齢者ばかりの限界地域では寺の維持はできない。このような状況でも住職はいなければならぬが、もし生まれ変われるのなら、そういう寺は避けたいというのがホンネです」……。なるほどと思う反面、では「なりたい」という住職の声も聞いてみたいだろう。「小さなお寺だからこそ、生き甲斐を感じる」「今の檀信徒とまた一緒にできるなら次の世もこのお寺に入りたい」「心の温かい檀信徒が多いから」「寺をサンガにしきれず死ぬと思うから、次こそわが寺をサンガとしたい」「世界中の苦しみをもつ人々と共に頑張ってみたいから」……。

このように一口に寺院住職といっても、その意識や行動は十人十色。今日、「住職」という身分の者は全国に約六万人いる。日本人の二千人に一人だろうか。いうまでもなく、日々、寺院運営はもとより僧侶としての活動に邁進されていることだが、僧務のかたわら、各種のデータを総合すると、少なくとも全体の二割の住職が、教誨師をはじめ保護司・民生委員・児童委員・人権擁護委員・教育委員・調停委員・各種福祉司、医療者など多くの社会貢献の任に就いており、高齢者介護施設、幼児教育施設の運営者や、自治会長、地方自治体の長、公選議員も数は多くないが、思いのほかおられるのだ。これらもほとんど知られていない住職の一面であり、それだけに人々のもっとも近い生活の場で生老病死にかかわる問題に一つ一つ取り組んでいるといえよう。それも僧侶なら当然だとの矜持が各個にあるからだろう、あえて社会の評価や辛辣な目などに迷うことなく尽くされている姿を取材のたびに、目の当たりにするわけである。この日本に、必ずなくてはならないお寺、いなくてはならない聖職者というほかはない。と同時に、いかなる時代も社会が、人々が、それらの聖職者を育てることも真実なのではないだろうか。

そうした意味からも、僭越ながら小誌編集部があえて選ばせていただき、ここにルポルタージュをする十人の寺院住職の営みをぜひ知ってほしい。道心のいかに厳しくも、ひたすらに身を挺する僧形に驚嘆したり、あるいは共感したり、また感動を得ることでしょう。

『月刊住職』編集発行人　矢澤澄道　合掌

みんなに知ってほしい
日本のものすごい10人の住職

目次

10

長谷雄蓮華住職

浄土宗 大法寺

檀家ゼロから千軒余のかけこみ寺に
発展させた住職のなんでもやる気

1

貧窮者のため1日も欠かさず毎朝炊き出しを続ける山寺住職の覚悟

愛知県岡崎市夏山町

浄土宗西山深草派 松樹寺

伊藤三学 住職

PROFILE

1945(昭和20)年、岐阜県生まれ。中央大学中退後、太平洋美術会研究所で本格的に絵を学ぶ。91年浄土宗西山深草派大本山圓福寺と92年総本山誓願寺とで修行。98年愛知県岡崎市の浄土宗西山深草派松樹寺住職に就任。2009年より生活困窮者のために炊き出し支援を地元で始め、現在まで365日休みなく続けている。画集『GYOKU SANGAKU/行空三学』がある。

扉の写真／駅前で施食を行う伊藤三学住職

往来の人影もまばらな早朝六時、名鉄東岡崎駅前に一台の白いバンが停まると、待ち構えていた男性数人が、バラバラっと駆け寄った。車から、裸足の小柄な僧侶がひらりと降りる。手には食器のれんげ。

東岡崎駅から車で約四十分の岡崎市夏山町にある浄土宗西山深草派松樹寺の伊藤三学住職だ。駆け寄った男たちは、荷台に積んだ大鍋やポット、どんぶり鉢などの食器を往来の邪魔にならない地下階段の入り口に手早く運ぶ。階段入り口の地べたにあぐらをかいて坐った伊藤住職が、鍋の蓋を開けると、湯気と共にいい匂いがふわっと立ち上った。鍋の中は野菜いっぱいのおじやだった。

「ほかほかだよ。今日のはとくに美味しいよ。ほっぺたが落ちないように気を付けてね」と、次々と差し出されるどんぶり鉢に伊藤住職は笑顔で山盛りよそっていく。付け合わせはゆで卵、それにデザートのグレープフルーツもある。ひととおり行き渡ったのを確認すると、鍋はあっという間に再び車に積み込まれた。冷めないうちに、次の目的地へと運ぶのだ。

使い込んだ車は、ところどころガムテープで補修、走るとガタガタと積んだ鍋が鳴る。筋張った手でハンドルを握りしめ、伊藤住職は満面の笑みでこう話す。

「この車は『ごっきげんカー』って名付けているんだよ。毎日走り回っているから、一年で走行距離は六万キロになっちゃったよ」

伊藤住職が、路上生活者や生活保護を受ける貧窮者のために炊き出しを思い立ったのは二〇〇九年。以後、夏の日も、冬の日も、毎朝、一日も欠かさず、しかも自らおじやを作って、運び続けているのだ。

朝の三時起床で炊き出しが始まる

伊藤住職の朝は早い。あたりはまだ真っ暗な午前三時半、すでに松樹寺の台所には明かりがつき、コトコト、音が響いていた。台所でひとり立ち働くのは、作務衣姿の伊藤住職だ。

炊き出しの準備である。ガスコンロの上には、お茶をベースにしたというつぎたしのスープ、それにすでに細切れの野菜が煮込まれた大鍋があった。食卓には奥さんの文子さんが前日、炊いてくれた土鍋いっぱいの玄米ご飯も用意されている。

野菜やお米、卵は、伊藤住職の活動を知った支援者、それに檀家からのいただきものだ。これを、どんぶり鉢一つで済むおじやに仕立てるのが住職の日課だ。

調理や味付けには「こだわりがある」と野菜を刻みながら伊藤住職は話す。

「いちばん気を付けなきゃいけないことは食中毒。だからほとんど動物性のものは入れない。でも大切にしているのはみんなの栄養。野菜は古くなると鮮度は落ちるけれど、乳酸菌とか新しい栄養が付くところがあるよね」

慈悲に生き続ける松樹寺の伊藤三学住職

自身も玄米菜食のマクロビオティックの実践を半世紀続け、動物性たんぱく質は一切、取らないという。
おじやの具材は、なんでも入れる。出がらしのお茶の葉も無駄にせず、固い茎のところは取り除い

大鍋いっぱいに食材を煮込む

夜明け前から炊き出しの準備をする伊藤住職

て入れる。この日は前日、お参り先でいただいたとい う瓜の漬け物も入れた。「隠し味だね」と住職は微笑む。鍋を覗くとトマトペーストも入っていた。ごった煮のおじやは毎日、入れるものが違うから、毎日味が違う。人気はカレー味だそうだ。

「なんでも入れるから、僕のおじやはシンフォニーなんだ。二度と同じものは作れない。芸術です。そのつど最高のものを、命をかけて作っているつもり。それに合わないものなんて、何もないんだ」

煮込んだ野菜にご飯とスープを混ぜてできあがり。「少し食べてごらん」と差し出され、口にふくむ。意外、いや当然のごとく美味しい！

時計は午前五時を回っていた。すでに外は明るくなっていた。伊藤住職は鍋、ポットを手早く車に積む。

施食はいつも名鉄東岡崎駅から始まる

車に鍋やお茶を積み込んで出発

「南無阿弥陀仏、南無阿弥陀仏」

お念仏を称えながら、車を走らせる。

炊き出しだけじゃないんだ

最初の目的地は、冒頭の東岡崎駅だ。その日は八人ほどだったが、多い時には二十人近くが伊藤住職を待っている。

伊藤住職が配るのは、おじや、ゆで卵だけではない。毎月一回はスーパー銭湯の回数券まで配るという。

「生活保護支給日前になると、やっぱり多くなるね。スーパー銭湯の回数券を配る日はたくさん来られます」と伊藤住職。

東岡崎駅から車で走ること十五分。続いて向かった先はＪＲ岡崎駅だ。ここでも初老の男性数人が待っていた。この日は、炊き出しを手伝う若者もいた。

次々と差し出されるどんぶり鉢に、おじやが山盛りよそわれていく。途中で買ったパンも配られる。ひととおり行き渡ったと見ていると、おじやを食べる初老の男性から、話しかけられた。

炊き出しには協力する人々も（岡崎駅で）

「和尚さんの逆立ちが始まるよ」

なんと、伊藤住職は路上でひとり、逆立ちを始めたのだ！　しかも逆立ちをしながら、ハモニカ演奏までするパフォーマンス。あとで住職にわけを聞くと、

「世の中はときどき逆さまに見る必要がある。逆さまに見ると、えらい人や金持ちといわれている人が皆、反対に見えるからね」という話だ。逆立ちを始めてから腰痛も治ったという。

逆立ちが終わると、「宇宙に感謝！」と四方に礼拝。

さらに、「ランニングをしてくるよ」と、裸足で伊藤住職は駅の階段を駆け上がっていったのである。

「私より年上なんて信じられないよね」とどんぶり鉢を抱えた男性が呟いた。

生活保護を受給して暮らしているという男性はこう話す。

「和尚さんは明るい人で、一緒にいるとこっちも元気になる。それに、炊き出しは平日や土日だけじゃないんだ。元旦だって来てくれる。炊き出しだけじゃないんだよ。私が病気で倒れた時は病院の手配までして、着替え一式準備してくれた。すごい人だよ。あんな人はいないよ」

岡崎駅をあとに、最後は市内にある小さな広場で車を停めた。ここには太平洋戦争末期の一九四五年七月二十日、B29の空襲で命を落とし

ご飯を配り終えると必ず日課の礼拝と逆立ちを行う

た二百八十五名を慰霊する岡崎空襲慰霊碑がある。施食が済むと必ず伊藤住職は慰霊碑の前の花の水を替え、お参りする。花も伊藤住職自らが毎月、供えているものだ。

供養が終わると、お寺へと帰る。でも、お寺に帰っても休む間もない。こうした活動を縁として、毎日のようにお寺に相談や悩み事が持ち込まれるからだ。引きこもり、心の病、生活難など——。

施食後に岡崎空襲慰霊碑の前で祈るのも日課

しかも、松樹寺の檀家は四十軒と聞けば、決して余裕のある中で行われている活動ではないと分かるだろう。夫婦二人の暮らしは、いたってつつましい。常人を超えた活動の原動力には、「僕自身が挫折の連続だった」と振り返る葛藤の人生があったのだ。

画業と結婚と日雇い生活と…

伊藤住職はお寺の出身ではない。一九四五年、岐阜県郡上市の在家に生まれた。姉、それに男三人の末っ子だった。実家は経済的には比較的、恵まれた家だったという。真宗門徒で親戚には僧侶もいた。子供の頃には『正信偈』を暗記していた。

だが、悲しい出来事が続く。

「よく絵本を読んでくれた大好きな姉は腹違いなんです。僕の母親は再婚でした。でもその僕を産んでくれた母親は僕が九歳の時に四十九歳で亡くなったのです」

父親は再婚し、新しいお母さんができた。だがその二番目の母親もまた亡くなり、三番目の母親が嫁いできた。

「僕には三人のお母さんがいたわけです。二番目の母親とも、三番目の母親とも仲良くしなきゃと思っていた」と振り返る。そんな生い立ちが、少年のどこか繊細な感受性を育てたのだろうか。

高校卒業後は東京の中央大学文学部に進学。けれども中退。時代は七〇年安保闘争のさ中だった。故郷には戻らず、そのまま新聞配達の住み込みのアルバイトを続けながら生活した。バイト先で、一人の青年と出会ったのが人生を変える。

「着物の絵付けをしているという人でした。それで〝君、絵を描いたらどう?〟と話しかけると、彼がお皿に絵を描いてきてくれたのだけど、なかなかの腕でシュールレアリスムぽい絵だったんです」

その絵に「この人は何を考えているんだろう？」というところから、絵の世界に関心が向いたという。石膏のデッサンから学びに行った。「ものすごく、楽しかった」と伊藤住職。やがて本格的に絵を学ぶため、日本の近代洋画界を支えてきた太平洋美術会研究所に入る。少しでも絵を描く時間を作ろうと、仕事を新聞配達から牛乳配達に変え、朝昼晩とひたすら絵を描き続けた。

その生活の中、絵の仲間と結婚。だが絵を描くことでは生活はやっていけない。また「絵を売ったりするのはいけないことだという思いもありました」という。

生活の糧に、三学青年があえて飛び込んだのは、日雇い労働だった。「当時の僕は末端の生活がどういうものかという興味もあったのです」と打ち明ける。

時は高度経済成長期。東京の山谷《さんや》は早朝から日雇い労働者と手配師であふれていた。土木作業、船の積み荷作業、なんでもやった。だが苛酷な現場でもあった。「積み荷を移動させる仕事の時でした。クレーンで運ぶため、みんなで離れて見守っていた。すると、僕の隣に立っていた人がいきなり『やられた！』と目を押さえたんです。荷物を梱包してきた金属が外れ、目に突き刺さったんだ。ひとつ間違えれば僕自身でした」

奥さんとの間には二人の息子も授かった。三十代を目前に、次第に「自分はどうやって生きていこうか」と思いが募る。

離婚、再婚、わが子の死を経て

伊藤住職は振り返る。

「できれば絵の感覚を生かす仕事がしたいと思った。思いついたのが、石でお地蔵さんを作ることだったんですよ」

たどり着いたのが、石工が集う城下町、岡崎市だった。紹介を受けたのが、岡崎の彫刻家、故・鈴木政夫氏だ。三学青年の絵画作品を見た鈴木氏は、その才をかった。

だが石を彫っている最中に石の破片で目を負傷したこともあり、石彫の道は断念。前後して私生活でも離婚。子供は奥さんが引き取った。ただし、成人するまで仕送りは続けた。「前妻と二人の子供にも、生涯、申し訳なく、称名念仏がわいて出ます」と呟く。

再び、新聞配達の仕事をしながら絵画制作に専念。その頃、岡崎市には画材店を拠点にアマチュアの絵描きが集い、研鑽するデッサン会があった。三学青年は次第にその中心となり、仲間を牽引していくのだ。絵画会を立ち上げ、岡崎市の美術館で展覧会も開催した。

そんな三学青年の「絵の才能だけに惚れました」と笑うのが、今の奥さんの文子さんだ。名古屋造形芸術短大を出た文子さんは絵画仲間の一人。丸顔の愛らしい人だ。「お金がなく、離婚して子供もいる。そんな僕のところに、押しかけてきてくれました」と伊藤住職は照れる。

けれども、夫婦に悲しい出来事が起きる。授かったばかりの子供が生後六カ月を前に亡くなったのだ。四十歳の時だ。

わが子のせつない死は、三学氏の心を一気に仏教へと向かわせていた。それは子供の頃に暗唱していた『正信偈』との新たな出会いであったかもしれない。とはいえ、自分が出家して一寺の住職になるなどは夢にも思わなかったという。

けれども、その縁はすでにできていた。実は絵画のグループを率いて、各所で展覧会を催していた三学氏だったが、活動の広がりの中、出会ったのが浄土宗西山深草派の元宗務総長で岡崎市内の圓福寺住職だった渡辺順孝師だ。

伊藤師が1998年に53歳で第31世住職に就いた松樹寺

「僕からすると、とても畏れ多い方でした」と伊藤住職は振り返る。

だが、その頃から菜食主義を貫いていた三学氏を渡辺住職は面白く思っていたところもあったようだ。同寺を集いの拠点にも提供してくれた。ごく自然に、三学氏は渡辺住職を師匠と仰ぐようになり、一九九一年、機が熟すように、仏門に入ったのである。四十六歳のこと。

圓福寺、そして京都の総本山誓願寺での修行を経て教師資格を取得。その後間もなく、師匠の紹介で、ここ松樹寺を紹介される。同寺の住職は兼務であり、日ごろは無住だったのだ。それで堂守として家族と共に住み込むようになる。

伊藤住職はこう述懐する。

「挫折の繰り返しだった人生が、屋根のあるお寺でひたすらお念仏を称えて暮らせるようになった有り難さ。なんと僕は多くの人に救われ、支えられてきたことか……」

その思いが、磁場のように周囲を巻き込み、人を救っていくのだ。

松樹寺の堂守をして四年後、一九九五年、渡辺住職が遷化する。師僧を失った身であったが、松樹寺の正住職（岡崎市内の阿弥陀寺）は伊藤師の人柄を見ていたのだろう。それから三年後の九八年、伊藤師は同寺の第三十一世に迎えられたのだ。檀家の長年の望みがかなったことでもある。五十三歳になっていた。また二人の娘も授かった。なおその後、文子さんも、長女も同派の教師の資格を取得。二人ともすでに嫁いでいるが、娘さんも月参りを手伝い、檀家に喜ばれた。

圓福寺、阿弥陀寺、松樹寺をまさに仏縁のようにして生まれた人の輪は、やがて困

毎年５月に行われる花まつりは有縁の人たちがお参りして大盛況

っている人をも呼び込んでいく。伊藤住職自ら、駆け寄って手を差し伸べたからでもある。

いつしか〝路上のお寺〟のようになって

それはやはり仏縁としかいえないような出会いだった。

たまたま出かけた東岡崎駅で伊藤住職の目がその青年、A君をとらえていた。当時、A君は二十代だったが、アスペルガー症候群でなかなか就職できず、家族との折り合いも悪く、路上で暮らしていた。A君の様子を見て伊藤住職が、ふと声をかけたのが始まりだ。

「事情を聞いて知り合いに派遣会社の人がいたので、仕事を紹介した。でもダメだった。車の免許を取らせようとお金を渡してもダメ。夜中にわんわん泣いて電話をかけてきて、新岐阜まで迎えに行ったこともある。寺に泊まらせたけれど檀家さんたちが不審がってしまった」と伊藤住職。

ある日、やはりA君の電話に、駅まで駆け付けた。すると、

「彼以外にも同じように駐輪場などで寝起きしている人たちが、何人もいるのが分かった。あの人たちのぶんも何か持って行かなきゃと思ったんです」

とはいえ、お寺だって余裕があるわけではない。

「最初はスーパーで、いらないキャベツの葉っぱをもらったんです。食べてみると美味しい。しかも栄養がある。僕が美味しいんだから、これならいけると」

こうして二〇〇九年に始まったのが、炊き出しだ。毎日続けるのは「待つ人がいるから」

伊藤住職は「炊き出しは誰にでも、どこでも、いつでも始められるんだよ。もっと広がってもいいと思う」と屈託ない。住職の活動は地元にも知られるようになり、協力の輪が広がった。

やがて仕事の相談はもちろん、「ヤクザから足を洗いたい」「一家心中を考えている」と、どこにも持ち掛けられない苦しみが続々と寄せられた。生活保護受給者を狙った貧困ビジネスまがいの問題には、弁護士と協力して対応した。炊き出しの場はいつしか〝路上のお寺〟のようになっていった。

いや、当の路上生活者も炊き出しの場を進んで掃除して活動を支えていると聞くと、あらゆる人の布施行の場でもあるのだ。

炊き出しの行き来に得意のハモニカを

差し上げるのは人にではなく阿弥陀さまに

さて現在、十年ほど前に境内に永代供養墓を作った縁で、檀家でない人からもお葬式や法事を頼まれるようになった。御忌やお彼岸、花まつりといった年中行事も盛んになっている。

伊藤住職は毎朝、ラジオを聴きながら炊き出しを準備し、配って、供養を終えるとお寺に戻り月参り。相談事にも応じる。近頃は刑務所を出所したものの、行くあてなく路上で生活している人の世話を市役所と連携しながら行っている。

ただ、その炊き出しも始めたころは六十代前半だったが今は七十歳を超え、体の衰えも感じる。けれどもこう話す。

「僕はね、阿弥陀さまに差し上げているつもりでいるんです。いつも、食べにきてくれてありがとうって思うのです」

伊藤住職の健康の秘訣は滝行にあり？

その思いがわくのは、かつての自分に問うからだ。

「僕は要領よく坊主になったけれど、そうでなかったら今ごろ僕も公園で寝泊まりしていたかもしれない。あの人たちは僕の仲間なんです。そしてまた、挫折ばかりを繰り返し、周囲に迷惑をかけてきた罪滅ぼしでもあるのです。

過ぎてしまえば美しいということばかりではありません。それに出会った人がみな仏さまなのだとすれば、僕は仏さまからいつも教えていただいているのだと思う。炊き出しで出会う人も仏さまなんだね」

宗旨は自力を捨てよというけれど、自力もまた他力の中にすっぽり包まれているのではないか。そんなふうにも思うと伊藤住職は話された。

そう、自力といえば、伊藤住職のリフレッシュはなんと滝行だ。わずかな時間の合間をみつけ、山中の滝に車で走る。

滝に入る時にはお線香を供える。真言を唱え、褌一枚でざんぶと飛び込む。真冬でも構わない。だが、滝行を終えたあとは、驚くほどの血色のよさ。帰りは大好きな唄を歌って歩く。

住職の携帯電話には取材の最中も次々と依頼が寄せられていた。そのたびに、「いいとも！」と明るく答える伊藤住職。まるで自分自身を鼓舞するように。いや捨身だろうか。今日もその優しい光に救われる人がいる。

〔文／本誌・上野ちひろ〕

2

伽藍焼失にもめげず無から全国に知られる花の寺に再興した住職

京都府福知山市観音寺

高野山真言宗 觀音寺
小籔実英 住職

PROFILE

1951(昭和26)年、京都府生まれ。高野山大学文学部密教学科卒業。兵庫県立氷上高校・尼崎西高校・柏原高校で17年間教鞭を執り91年に退職。同年、京都府福知山市の観音寺第53世住職就任。93年に関西２府４県の超宗派25カ寺による「関西花の寺25カ所霊場」を開創する。現在、霊場会会長。「あじさいの会」主宰。前高野山真言宗教学部長。著書『雨の日に感謝』『心に悲しみをもったとき』他。

扉の写真／アジサイの季節は観音寺に多くの参詣者が訪れる

四季のある日本は、全国津々浦々に、「桜の寺」や「紅葉の寺」がある。だが近ごろ関西では「花の寺」といえば、一カ寺にとどまらず二十五カ寺の総称としても知られる。関西二府四県にまたがる超宗派二十五カ寺の「関西花の寺二十五カ所霊場」がそれだ。

霊場といっても、歴史はうんと浅い。

設立は一九九三年。ところが今や、いかに名刹であっても、「ああ、花の寺の○○寺」といった具合だ。どのように巡ってもよいが、一年を通じてツアーを組んで巡る企画もある。関西の旅行会社は来年春から秋にかけて、全八回の日帰りバスツアーを計画中だ。三月は梅や椿で名高い三カ寺、春は桜などで名高い三カ寺というように。各寺院では必ず住職による「花説法」があり、これも人気の秘訣だ。

その第一番札所で、霊場ガイドブックの最初に登場する「丹波あじさい寺」こと京都府福知山市の高野山真言宗觀音寺は、圧巻だ。あじさいのシーズンは、山麓にある約五千坪の境内に紫や水色、ピンクと色とりどりのあじさいが咲き誇る。百種一万株もあるという。紅葉や桜、ロウバイ、椿なども植わり、年間約四万人もが訪れる。境内には本堂、鐘楼、門、茶屋を兼ねた建物、位牌堂、庫裡など諸堂が建ち並び、多くの参詣者を迎え入れる駐車場はバスも停まれるほど。

実は、この観音寺の小籔実英《こやぶじつえい》住職こそ、霊場の仕掛け人だ。けれども、意外や、四半世紀前までは、今のようなお寺ではなかった。いや、小籔住職の子供時代は極貧寺だった。住職だった父親は、貧しさゆえに三十一歳の若さで亡くなった。さらに、火事でお寺が燃えるという災難にも見舞われた。

小籔住職は穏やかにこう話す。

「私は、若くして亡くなった父親ができんかったことをやろうと思い、お寺を支えてきたんです」

それはどんな歩みだったのか。

檀家以上に貧しかった寺が全焼した

観音寺は七二〇年にインドの帰化僧、法道仙人が十一面千手千眼観音菩薩像を草堂に安置したのが始まりと伝えらえる。九六一年に空也上人によって七堂伽藍が建立され、隆昌を極めたのは、鎌倉時代。北条時頼・貞時の庇護のもと二十五余の僧坊が軒を連ねる中本寺として栄えた。江戸時代に再建されたという現本堂は京都府の文化財に指定されている。近世は広い寺有地でお寺を支え、僧侶は修行や学問に励んだ。

だがそうしたお寺を直撃したのが明治の上知令と戦後の農地解放だ。観音寺も例にもれず、たちまち窮したのである。

720年開山の觀音寺を見事復興した小籔実英住職

「お寺の歴史から、境内の広さに比べて檀家が少ない。その上、戦後の復興がまだまだできていない状況のなか、寺は檀家以上に貧しかったのです」と小籔住職。

そんな生活のなか、一九五一年に観音寺の小籔実祐住職と清子さんの長男として生まれたのが、実英少年だ。ほどなく弟も誕生。だが、困窮は続き、ろくに食べるもののない生活だった。その生活が、若き実祐住職に大きな負担となったのか。実祐住職は実英少年が四歳の時に亡くなってしまうのである。

途方にくれたのが、二人の幼子を抱えた清子夫人だ。清子さんは再婚して、お寺を支える道を選ぶ。実英少年が六歳の時に、育ての父となる真光前住職と再婚。ただ、「子供ながらに複雑な心境でしたね」と小籔住職は振り返る。

それでも、二人の少年はすくすく育った。時代は高度経済成長期に入っていた。だが実英少年が中学二年生のお正月、またも、観音寺に不幸が起きる。火災だ。その日、観音寺ではお正月にお参りに来た参詣者に振る舞おうと、庫裡でせっせと煮炊きをしていた。「当時は薪で火を焚いていた。ところが、煙突の隙間から火の粉が飛んでね。草ぶきの屋根やったから、ぶわーっと燃えて……」

たちまち炎が回り、屋根が落ちて全焼。幸い、本堂は庫裡から離れていたことから火災を免れたものの、正月からお寺の家族は、焼け出されてしまう。

火災は、多感な少年の心にも強い衝撃となって残った。小籔住職は静かに話す。

「おおきなお寺やと思っていたのが、一時間ほどで何もかも燃えてなくなった。人生の空しさというか、虚無感を覚えました」

でも、誰が集めたのかセーターやジャンパーの古着があっという間にお寺の前に積み上げられ、おにぎりの炊き出しをしてくれる人もあった。ありがたかった。

「寺を継いでくれ」と母に懇願されて

しかし、お寺の経済事情は豊かではない。加えて、火災が観音寺のとんでもない負担となったのは想像に難くない。

「先代の代だけで、五、六回くらいは寄付集めをしていた。七、八年に一回の割合でお寺から寄付を頼まれるものだから、檀家から見たら、住職は江戸時代の悪徳代官みたいなもので、『寺いうたら寄付集めることしか考えてへんのか』と思われていたでしょう。かわいそうなのが檀家さんからじかに文句をいわれる総代で、私が住職になったのを機に、五人の総代が皆やめてしまったくらいです」

そんな観音寺の状況だったから、母の清子さんはとりわけ長男の実英少年を厳しく育てたという。

「母は檀家さんに対して、常に引け目を感じていた。母も義父もよそからこの観音寺に入ったこともある。このお寺で生まれ育った私に対しての期待があった。『絶対にお前は高野山大学に行って、後を継ぐことを檀家さんに約束してくれ。そうじゃないと、檀家さんたちに会わす顔がない』と。そんなの知ったことかと思っていたのだけれどね」

でも、両親の思いもあり、「勉強だけはしておこう」と高野山大学へ進学した。

ところが、大学で学ぶうち、「お大師さんの素晴らしい言葉に触れて、興味がわいたんです」と小籔住職。密教の本や哲学書を読み耽るようになった。いつしか、「自分は誰かと一緒に人生を考えたりすることが得意かもしれない」と感じるようになる。行く先に教師という道が描けた。

こうして僧侶と学校の両方の「教師」の資格を取得。高校の教員として兵庫県に赴任。もっともその当時は、「できれば定年退職まで学校の先生をやりたい。なんなら、お寺を継がないという道も、とも考えていました。わざわざ兵庫県の学校に勤めたのも、京都だとすぐにお寺に連れ戻されると思ったからです」と笑う。教員時代に知り合ったのが、やはり中学校の教員だった明美さんだ。小籔住職が三十二歳の時に結婚。息子と娘二人を授かった。

教員生活は充実したものだった。

「私が自慢できることは、担任をしていた十六年間、一人も退学者を出さなかったことです。今思えば、私なりの言葉で、お大師さんの精神を子供たちに伝えようとしていた。『今くじけたり、失敗していることは、みんなこれからの自分を作っていく糧になるんやで』とか、そんなことを語り掛けていました。生徒との触れ合いを通じて、私もまた学ばせてもらいました」

生徒には慕われたに違いない。だが、三十代後半の時に状況が変わる。

母の清子さんが体調を崩したのだ。病院で診てもらうと、頭に五センチの悪性の腫瘍ができていた。医者は息子にこう告げた。「お宅のお母さんは長くてあと一年半くらいです」と。

目の前が真っ暗になる宣告だ。小籔住職はしみじみ話す。

「子供にとって母親の存在は大きい。母がこの世からいなくなるというのは、どういうことやろ。母が死ぬという厳然たる事実を前に、言葉があふれ出るように出てきたのです」

その言葉を綴って一冊の本にしたこと（『心に悲しみをもったとき』）が、のちに、小籔住職の布教伝道の一つのスタイルである詩画の始まりとなる。

ともかくも「最期に親孝行をしよう」とお寺を継ぐことを決意した。一九九一年三月に晋山。三十九歳。「あんたが帰ってきてくれて安心や」と涙を流して喜んだ清子さん、息子の晋山を見届けて翌年に亡くなられた。まだ六十四歳だった。

気がつくと誰も来なかった寺にゾロゾロと人が

お寺を継いだものの閑だった。

「お寺に日がな居ても、誰も来ないのです」と振り返る。ところがだ。六月ぐらいになると、ゾロゾロとどこからともなくお寺にお参りにくる人が見えたという。何ごとかと見ると、境内のあじさいに惹かれてお参りにきた人たちだったのだ。

懸命な丹精が実り100種１万株ものアジサイが境内をおおう古刹、観音寺

実は観音寺のあじさいは、一九六四年の本尊御開帳を機に植えられたものだ。

きっかけは、奉納だった。同寺の本尊は十一面千手千眼観音菩薩。三十三年ごとに御開帳される。昔から目にご利益があるとして親しまれてきた。「観音様のおかげで眼の病が治った」と喜んだ人が、御礼に、七色に変化する光の花のあじさいを数株、植樹してくれた。

先代住職の時代、一九六四年の御開帳を前に、観音寺では「今回はどのように御開帳を迎えるか」と話し合っていた。

「ある方が『万燈万華でお迎えしたらどうか』と提案された。ここは幸いに谷間であじさいがよく育つ。万のあじさいを植えて御開帳を迎えたら、観音様が喜ばれるんやないかと言われたのです」

こうして全山にあじさいが植えられた。

その御開帳の記念植樹から四半世紀が経ち、あじさいはよく育っていた。いつしか見頃にはお参りの人が来ていたのだ。

「ご本尊様よりも、花に魅力があるんやなと気づかされた。お寺をやっていく上でお花を前面に出してやっていくと、明るいお寺作りができるのではないかと教えられたのです」と振り返る。

そこには、教員時代の苦い思い出もある。小籔青年を僧侶とは知らない同僚教師が職員室でお寺の悪口を言っていた。

「〝お寺は葬式と法事ばっかりで金もうけのことしか考えとらん〞とか、オウム真理教が問題になった時は〝昔からの伝統仏教が何もしないから若い優秀な人材がわけの分からんオカルト宗教に走るんや。仏教界がさぼっているせいや〞と話していた。私は言われるとおりやと感じました。もちろん当時は、まさかこんなに早くお寺に入るとは思っていなかったけれど、住職になったからには、もっとお寺が一般大衆から愛され、お役に立てるようなお寺作りをしないといけない」

実父、そして育ての父親と二代続けて住職と檀家の苦労を見てきたことも大きい。

「従来どおりで、このお寺を護持していくには、檀家さんに負担をかけるばかり。お花を前面に出すことで、信仰の有無にかかわらず、人がお寺に来やすくなる。本堂で花説法をして、人生に行き詰まったり躓いたりしている人に生きるヒントのようなものをお伝えできたら、このお寺をまた必要とする人と共に支えていけるのではないかと考えたのです。寄付は結構な負担になりますが、数百円の拝観料なら大勢の方に来ていただけると、広く薄くご負担いただける。そういうやり方でお寺を活性化していけたらと」

一九九三年に「関西花の寺二十五カ所霊場」開創

小籔住職がユニークだったのは、自坊にとどまらず、同志を募ったことだ。

「多くの人の心を豊かにするためには、一カ寺だけでは限界がある。見渡せば、関西一円には通称『花の寺』が結構ある。そういうお寺のネットワークを作り、花の寺という全く新しい霊場を作ったなら、春夏秋冬お寺巡りをする機会になる。そうしたら、人生が豊かにできるのではないかと思ったのですよ」

こうして花の寺霊場構想が動き出したのである。小籔住職、四十代前半。

霊場寺院の参加を募るところから始まった。小籔住職の思いに最初に賛同してくれたのが、奈良県天理市にある高野山真言宗長岳寺だ。関西北部のお寺への呼びかけを観音寺が、南部のお寺の呼びかけを長岳寺が担うことになった。

札所選びの選定は、「花の寺」としての見どころがあることはもちろんながら、ある程度歴史があり、なおかつ、お参りに来た人に「花説法」をしてくれるお寺であること。ここぞと思ったお寺に、小籔住職は熱く呼びかけた。

「もう一回、既成仏教のよりどころを一緒に作っていきませんか。花に惹かれてお参りに来た人に、生き方にかかわる教化を一緒にしませんか」

その思いに共感したのが、現在の二十五カ寺だ。札所寺院は入会に五十万円、年間三万円の会費とした。

一九九三年、小籔住職が事務局長となり、開創。霊場授与品づくりも動き出した。

即座に反応してくれたのが、地元のロータリー仲間のＪＲ福知山支社長。

「作っただけではあかん。私が魂入れをしてあげる」と胸を叩き、なんと地域発展用の予算を使って関西一円のＪＲに一年間無償で広告してくれたのだ。車内吊りや駅のポスターに、美しい花のお寺の写真が掲載され、人々の目を引いた。

これを見て、黙っていなかったのが阪急電鉄。プリペイドカードに月ごとに二十五カ寺の花の寺を印刷し、「阪急電鉄を使って十カ寺以上巡られたら景品を差し上げます」と宣伝。やがて旅行会社も、

「うちはバスツアーを組んで参拝のお客さんを連れてまいりますので、花説法をぜひともお願いします」と企画した。

ヒットしたのは、時代も大きかったことだろう。バブルは弾け、一九九五年には関西地方を阪神淡路大震災が襲った。東京では地下鉄サリン事件が起きた。暗い世相、宗教への不信に、「花」を前面に出した霊場はまさに人の心に響いたのだ。

そして霊場は札所寺院を支えた。

たとえば授与品の一つ、オリジナルの納経帖である『心華帖』（次頁の写真）は、「散る花を見て心の中に散らない花を咲かせてほしい」という願いから作られたもの。札所ごとにお寺の説明とアクセスが印刷された便利なものでもあったことから、札所寺院だけでなく駅の売店にも置かれ、飛ぶように売れた。札所寺院には、各寺院で設定した拝観料だけでなく、こうした授与品からの売り上げの一部も収入として入った。

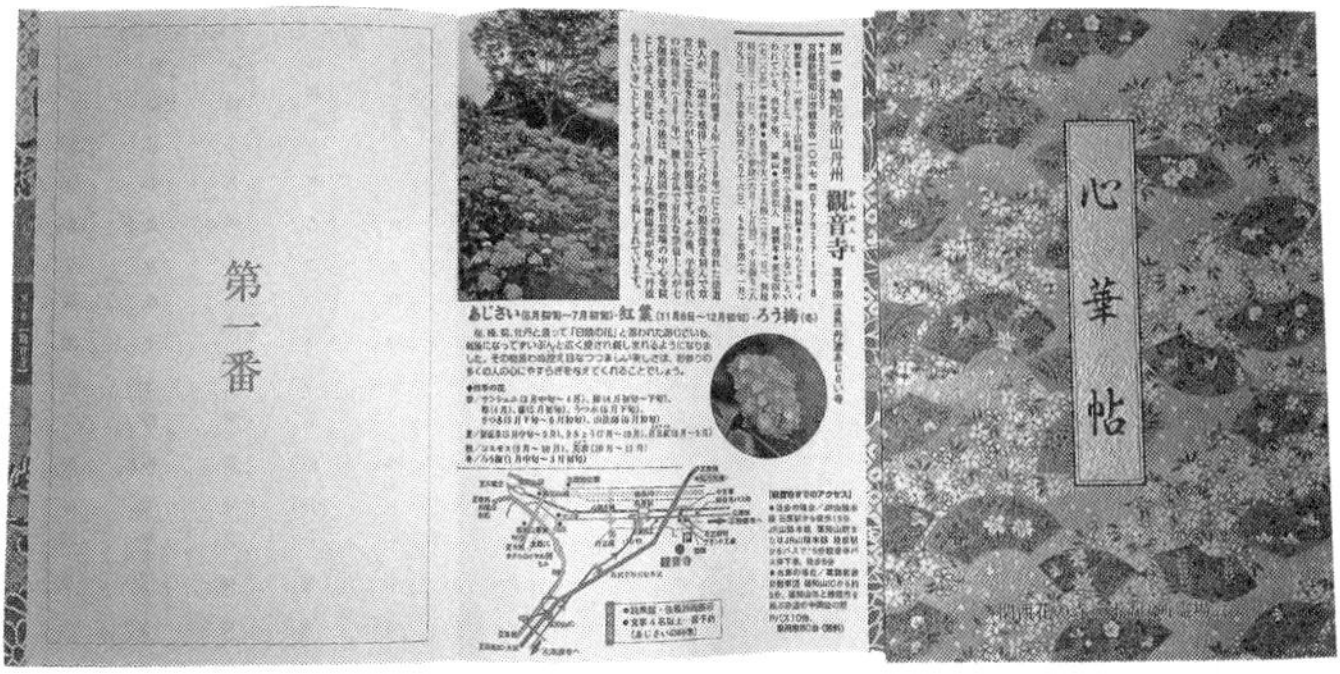

札所ごとにお寺の説明がついた納経帖『心華帖』も大ヒットした

まさに「広く薄く」お寺を支えるシステムができたのだ。

霊場会では、毎年総会を開き、課題や方向性を話し合う。住職夫人だけの会もあり、参詣者の接待、悩み、マナーなど課題を共有したのも継続の力となった。

布教のできるお寺は生き延びる

「あじさいの寺」が名高くなる一方で、小籔住職が力を入れてきたのがお説教と詩画による布教だ。51頁の写真はその一つで、小籔住職は本やカレンダーにするとともに、境内に〝心の伝道室〟と掲げる「詩風館」にもいくつも飾っている。同館は茶店も兼ねており、お参りに来た人が自ずと、住職の伝道句にふれるようになっている。きっかけは、前述した母の清子さんの病を縁として生まれた詩集だ。ある出版社が本にしてくれた。すると、感想が続々、届いたのだ。

「最初は返事を書いていたけれど、あまりに多いのでとても対応しきれない。それで年四回の発行で『あじさい』という機関紙を出して、毎年一回、あじさいの美しい六月の第四日曜日に集まって、あじさいの集いをすることにしました」

これが、檀家の垣根を取る新たな布教となった。活動の場は広がり、各地に講演に呼ばれるようにもなった。あじさいの会は現在、千人を超える。

お参りが増えると自ずと、境内も整備された。農地解放で手放した土地を買い戻し、駐車場にした。地元で持てあまされていた何十個もの大石を引き取ったところ、造園屋さんが山の土を削って立派な石垣に仕立ててくれた。削った部分に墓地も整備した。約百四十区画作ったところ、「あじさいのお寺にお墓をほしい」と完売した。増設し、永代供養墓も作った。位牌堂も……。すべては、小籔住職のたゆまぬ布教活動の賜物だ。こうして現在の寺観が年を追うごとに調ったのである。

そんなお寺を檀家も応援する。あじさいのシーズン時のみ観音寺では一人三百五十円の拝観料をいただく。大勢の人が一気に訪れるが、それを迎え入れる力強いスタッフとなってくれているのが檀家だ。

「私が住職になってから一度も護持会費を上げておらず、寄付集めもあまりしていない。あじさいのお寺なればこそと、檀家さんも大事にしてくださる」と笑う。

そんな小籔住職の実力を見込んでのことだろう。二〇一三年から四年間、高野山真言宗の教学部長の重責も担った。

詩画展示と茶屋を兼ねた観音寺の詩風館

人々の心に届ける小籔住職ならではの詩画

「大衆への身近な布教をやってほしいというのが私への負託と受け止めました」と話す小籔住職。

布教研究所の活動には弘法大師の死生観研究、葬儀の際に読む諷誦文の作成、説法やご詠歌などを組み合わせた布教の模索などを打ち出し、また高野山の奥の院に、「お大師様への手紙」としてポストも設置。「人には言えんような悩みや悲しみや喜びを手紙に書いて出しましょう、と呼びかけた。二年間のうち一万五千通も投函されました」という。

小籔住職の心優しい説法に多くの人が耳を傾ける

そんな活動が評価され、二〇一七年には布教教化などに大きく功労ある人に贈られる真言宗各派総大本山会の密教教化賞を受賞。

さて、現在、お寺では毎月、護摩祈禱を行い、二月十一日には大護摩大祭もある。また桜の咲く頃、あじさいの見頃、紅葉時期と年三回、「法話の会」を開催して大衆教化にも励む。関西花の寺二十五カ所霊場参拝者は二〇二〇年までに二百万人を超えた。

関西花の寺二十五カ所霊場の影響を受けて、現在では、東国花の寺百ヶ寺や山陽花の寺二十四か寺霊場、そして各地に花の小霊場も誕生している。

　これからのお寺を聞くと、こう話す。

「私は布教のできるお寺は生き延びていくと思います。息子にもとにかく檀家さんや信者さんを大切に、通夜や法事では五分でも十分でもいいから、少しでも心に残る話をしてこいと言っています。僧侶として自分の人生でかかわってきた人に何か一つでも貢献できて、お役に立てることが嬉しいし、そこに人生の目的があるのと違うのかなと思う。利他を生きるのが今の私の思い。宗教は坊さんのためにあるのではなく、一般大衆のためにある。僧侶として弘法大師の教えを大衆のところへ歩み寄って説いていくことが一番大切なんじゃないかと思うんですよ」

　苦境の時代から多くの参詣者があふれるようになった、丹波あじさい寺。それもこれも、お寺が一歩踏み出して、人々の喜びや悲しみに触れ、共に歩んでいこうとしたゆえの姿だろう。素朴だが大切な布教の原点があることを教えてくれる。

〔文／本誌・上野ちひろ〕

3

衰えかけた吉野の修験が住職の命懸けで世界の名所になった奇跡

京都府綾部市渕垣町

金峯山修験本宗 林南院

田中利典 住職

PROFILE

1955(昭和30)年、京都府生まれ。15歳で吉野山金峯山寺に入門。龍谷大学文学部仏教学科・叡山学院専修科卒業。2001年に金峯山修験本宗宗務総長・金峯山寺執行長、京都府綾部市の林南院住職に就任。宗務総長（～14年）時代に、吉野大峯の世界遺産登録運動を推進し、宗門改革や修験道の普及活動を展開。現在、金峯山寺長臈。種智院大学客員教授。著書『修験道という生き方』(新潮社)、『体を使って心をおさめる修験道入門』(集英社) 他。

扉の写真／吉野・金峯山寺蔵王堂（国宝）秘仏本尊金剛蔵王権現三体（重文）
〈国宝仁王門修理勧進のため、毎年一定期間、秘仏をご開帳〉

吉野桜に染まる高さ約34mの金峯山寺蔵王堂（国宝）

群青の巨大な憤怒像が日本中の衆目を驚かせたのは二〇一二年春。奈良・吉野山の金峯山《きんぷせん》修験本宗総本山金峯山寺《きんぷせんじ》の蔵王堂本尊、金剛蔵王権現だ。身丈約七メートルに及ぶ秘仏三尊像である。この年、ＪＲ東海は奈良のキャンペーンで、金峯山寺の「国宝仁王門大修理勧進　秘仏本尊特別ご開帳」をＣＭやポスターで大々的に宣伝したのだ。とりわけそのポスターが人目を奪った。

「こんなに凄い仏様がおられたとは！」

奥深い吉野山で行われたこのご開帳に、なんと約二カ月で十三万人。全山、吉野桜に染まった蔵王堂の前には連日、参詣者が列をなした。

「今年の春も約一カ月の特別ご開帳を行います。でもあの年が初めて、向こう十年間の定期ご開帳に踏み切った年でした。それまで金峯山寺では一般の方がご本尊を拝む定期的な機会がほとんどなかった。もちろん秘仏の権現様のお姿を宣伝に使うなど考えもしなかった。でも当時、私は宗務総長として決断する必要があり、お叱りの声を受けながらも管長猊下のおゆるしを得ることができた。直後に、偶然にもＪＲ東海から声がかかったのです。東日本大震災から一年が過ぎた年でもありました。東京・品川駅に張り出された権現様のポスターを見た時、ああ、権現様がお出ましになられたかったんや。〝今ここで出ないと、いつ出るんや〟と自ら世に出られたのだと思ったのです」

現在、総本山金峯山寺の長﨟でもある京都府綾部市・林南院の、田中利典《りてん》住職は感慨深げにそう振り返る。

世界文化遺産認定への企画力と発信力

金峯山修験本宗の開祖は役行者《えんのぎょうじゃ》。金剛蔵王権現を本尊とし、顕密二教を包括する修験道教団だ。令和元年版『宗教年鑑』によると、寺院百三十八、教会八十五。教師は千五百四十七人で男女比率は、ほぼ半々。信者は約九万三千人に上る。

現在、仏教系の修験道は当山派修験・真言宗醍醐派（総本山醍醐寺）や本山派修験

修験道の隆盛に力を注ぎ続ける田中利典住職と吉野の金峯山寺蔵王堂

・本山修験宗（総本山聖護院）などが主だが、古より修行の聖地は吉野金峯山を中心とした吉野・大峯《おおみね》山系である。毎年五月、「大峯山戸開け式」が行われると、鈴懸衣を身に着けた修験者や信者たちが続々と入峰修行に挑む。新緑から九月にかけて、「懺悔懺悔、六根清浄」の山念仏が大峯山中にこだまする。

一千年以上続く信仰の聖地を守る教団の宗務総長に、田中住職が就いたのは二〇〇一年。まだ四十五歳の時だった。以後、二〇一五年に勇退するまで四期十四年の長きにわたり、金峯山修験本宗の実務リーダー、いや実質、プロデューサーとして、明治以降、衰退しかけていた修験道の再興に走り続けてきた。活動は多岐にわたるが、内には教団制度の立て直しに始まる各種改革の険しい断行だった。

また外には、他派、他宗教、それに他業界との連携をはかりながら修験道の発信を模索しつづけたのだ。

特筆は、史上初という総本山醍醐寺、総本山聖護院、総本山金峯山寺の修験三本山会議を立ち上げ、三山連携体制を取ったのも一つだ。

そうした中、世界が修験道に目を見張ったのが二〇〇四年。田中宗務総長の、「紀伊山地全体を世界遺産に」の言葉がきっかけで、吉野・大峯、熊野三山、高野山の三霊場と大峯修行道、熊野参詣道、高野山町石道という奈良、三重、和歌山の三県にまたがる聖地が「紀伊山地の霊場と参詣道」としてユネスコ世界文化遺産に認定されたのだ。以後、国内外から同地の宗教文化を体感しようと参詣者、観光客が訪れる。それまで年間二万三千人程度だった蔵王堂の拝観者はピーク時、二十万人に膨れ上がったというから効果は凄まじい。注目はその後も参詣者数は衰えず、今も年間十万人を切ることはないとのこと。しかもリピーターが多い。

理由は、ご本尊の霊験はもとより「企画力」と「発信力」に尽きるだろう。田中宗務総長は講演会やシンポジウムに招かれるたびに、全国に飛んだ。修験道の魅力を、人懐っこい笑顔で語り続けた。語るだけでなく、本も出版。

さらに異色は激務のなかブログやフェイスブック、ツイッターなどインターネットを利用したPR活動も精力的に展開したことだ。しかも返ってくる不特定多数からのコメントやメールにも、マメに返信した。そうした「宗務総長」のイメージを覆すフットワークの軽さと親しみやすさは修験道に関心の薄かった人たちの興味も大いにさそったことだろう。

宗務総長勇退後の今も、精力的に全国を飛び回る。だが、意外にも「どちらかといえば以前は話すより、書くほうが好き。私はトッププレーヤーではなく事務局タイプ」と笑う。修験道再興のきっかけは、田中住職の熱い志にあった。

「ことあるごとに悔しい思いをしました」

田中住職は一九五五年、綾部市で二人兄弟の長男として生まれた。実弟の五條良知師（吉野・東南院住職）は現在、金峯山修験本宗の第五代管長だ。兄弟そろってのちに宗門の要職にかかわるようになったのは、父親の得詮師の導きが大きいという。

「父は国鉄の職員だったのですが、若い頃から修験道に関心があり、いずれは宗教家として人助けをしたいと思っていたそうです。優秀な先生がいると聞けば各地に勉強に行き、市内の修験道の教会に出入りして学んでいました」と田中住職。

得詮師は地元の金峯山修験本宗末の教会長を任せられるようになり、山伏として修行に励む一方、四柱推命に似た「数霊学」という占法を学び、地元で様々な相談に乗るようになった。名は上がり、年間千人以上の人が相談に来ていたというからすごい。のちに得詮師は教会を人に譲り、自宅をお寺にした。それが林南院だ。一方で、得詮師は当時の故・五條順教管長を慕い、宗会議員、宗会議長として十五年間、宗務に携わったのである。

ここで当時の金峯山修験本宗について触れると、教団としては草創期だった。理由は、明治政府の苛烈な宗教弾圧にある。

神仏分離令と修験道廃止令だ。権現信仰は禁じられ、修験の寺は神社か檀家寺の二択を迫られた。山内だけでも五十以上あった塔頭寺院のほとんどが廃寺。蔵王堂の仏像や仏具の撤去も命じられた。かろうじて三尊仏はその大きさから取り出せず破壊を免れたが蔵王堂は仏前に鏡を置き、「神社」とされた。当時、全国でなんと十七万人もの山伏が職を失ったというから凄まじい国家権力による弾圧だった。千年の歴史が破却されたのである。

さらに政府は全国の修験宗は天台宗か真言宗のいずれかに帰属せよと命じた。金峯山寺は天台宗に所属し、戦後の一九四八年にようやく独立。四年後に現在の金峯山修験本宗として立宗できた。だが戦後、山内にお寺として復興したのはわずか五カ寺だったのである。

田中住職が生まれたのは、まさに死に物狂いの再興の時期だったわけである。だが宗教弾圧のダメージは、教勢はもちろんだが、世間の人の心にこそあったのだろう。田中住職は振り返る。

師父の得詮師が一代で開山した京都綾部市の林南院

「坊さんの世界でも、山伏は半僧半俗のような低い扱いだった。子供の頃は〝拝み屋さんの子供〟といわれてね。ことあるごとに、悔しい思いをしました」

なんといわれようと、お山のために

中学卒業後は師父のすすめもあり、天台宗の比叡山高校へ。宗内僧侶とともに寮生となり、高校卒業後は五條管長が住持する東南院で一年間の修行生活。龍谷大学文学部仏教学科卒業後は「もう少し勉強したい」と叡山学院へと進学する。

天台、浄土真宗を横断した青春時代、それが大きな糧になっていく。学生時代、印象的な出会いがあった。一人が当時、龍谷大学と叡山学院の講師だった淺田正博師（現・本願寺派の勧学）だ。

「淺田先生は浄土真宗の僧侶だけれど、若い頃から参禅し、研究対象は天台教学。マルチタスクに色々となさっていて行もしておられた。その姿にお坊さんのあり方として非常に薫陶を受けたのです」

もう一人が、のちに三千院門跡に就いた叡山学院の森定慈紹院長である。

「叡山学院を卒業したのは一九八一年。叡山学院に残そうという声もあったようですが、森定院長さんが〝彼は吉野に帰る人だから、吉野に帰らさんといかん〟といってくださったそうです。そして院長さんは私に〝吉野に戻るなら教団史をしっかり勉強しなさい〟と。その一言がのちにお寺を考える視点になりました」

金峯山寺に奉職。二十六歳の時だ。結婚は三十一歳。職場恋愛で十一歳下の周子さんと結ばれる。三男一女を授かった。

職員として手がけたのが機関紙『金峯山時報』の編集だった。叡山学院長の言葉どおり、教団史をまとめるため、散逸していた立宗以来のバックナンバーを集めた。当時の五條順教管長はそんな利典青年をか

林南院第２世の田中利典住職

わいがり、

「志を大きく持ちなさい」と背を押した。実績をかわれたのだろう。自坊に戻ろうとしたが、そのたびに呼び戻されて、三十八歳の時には教学部長の任を受ける。

しかし、宗務に携われば携わるほど、利典師には募るものがあったという。歴史ある金峯山寺の知名度の低さである。

「当時、地元の人でさえ、蔵王堂は知っていても『金峯山寺』を知らなかった」と振り返る。

ショックを受けたのが、一九八五年の本堂蔵王堂大修理落慶に合わせたご開帳だ。何十年ぶりかのご開帳だったのに、ほとんどお参りがなかったのだ。

「いくら素晴らしい仏様があると力んでも、その存在を知ってもらえなければ誰も来てくれないんだと心底思い知らされました。修験道は神様を母親に、仏様を父親にして生まれてきたような日本独自の神仏習合の信仰です。その聖地である吉野は、歴史的にも何度も大きな舞台になっている。いずれも日本人の歴史や精神文化においても非常に大切な場です。日本的宗教の基盤でもある。にもかかわらず、正しい評価がされない。近代以降、国がその精神を否定したからです。これは日本人である自分たちの大問題ではないかと身につまされました。そうだ、吉野に意味が見出されれば、日本文化全体にも新たな展開があるはず。それは世界の中の日本としても意味が生まれるはずだと考えたのです」

だが、いうはやすく、至難の業。ことは心の問題。しかも個別ではなく、多くの人々の協心がいる。利典師は周囲の様々な友人たちに相談した。「修験道を正しく評価してもらうにはどうしたらいいのか」と。

全員が同じ答えだったという。

「〝薬師寺の高田好胤《こういん》さんみたいな人が金峯山寺から出なあかんな〟といわれたのです。薬師寺には橋本凝胤《ぎょういん》和上という傑物がおられたが、その弟子の好胤さんが出たことがその後の再興につながった。立派な仏様や伽藍があっても、現実には人を介してしか伝わらない。順教猊下にお願いに行ったところ、〝わしは歳やからなれん〟といわれたのです。そこで不肖、自分は高田好胤にはなれないけど、田中利典にはなれる、と意を決した」

なんといわれようと、お山のためにやるしかない、それが始まりだった。教学部長を経て二〇〇一年、宗務総長に就任。同時に金峯山寺執行長にも就いた。同年、師父の遷化に伴い、林南院を継ぐ。四十五歳。

改革は内も外も山積みだった。

危機感が衝き動かした世界遺産登録活動

まずは宗派内の意識の改革。修験道にかかわらず、どの仏教教団も信仰の継承は大きな課題だ。とくに修験道は、信者の「講」で支えられてきた。だが、もともと村落共同体をベースにしているため、共同体が崩壊すると、「講」の力も消滅していく。「宗教が地域の関係性のなかで支えられるのではなく、個人化していく時代に入っている。でもそこに伝統的なものが対応しきれているかといえば、そうではない。お山の修行は一般の人々も参加ができるのに、寺報を通じてしか公募していなかった。けど、一般の人が読まない媒体に掲げても〝公募〟とはならない。そこに気がついた」

近鉄沿線のチラシや、書店に並ぶような仏教誌、ホームページでの公募に変えたのだ。すぐに興味を持つ人が現れた。

性別による壁も取り払った。

大峯山は女人禁制問題が何度も討論されているが、女性教師には大きなハードルがあった。法衣の問題だ。女性にはあの山伏特有の鈴懸衣の装束がなかなか許されていなかったのである。

「女性だけで行う大護摩供の修行もあるけれど、その時でさえ女性は導師以外ははばかって鈴懸衣を身につけていなかった。男女ともに教師資格を与えているのに、差があるのはおかしい。しかも教師の半数が女性なのに、差をつけては儀式も成り立たない。法衣屋を呼んで、境内で売るようにしました。男性教師からの反対の声はありましたが、女性教師には喜ばれた。よかったと思う」

綾部市の自坊・林南院で信者に祈禱を行う田中利典住職

行事復興も大変。何しろ、明治以降多くの行事が途絶えてしまったからだ。史料をもとに伝統行事を復活させた。

むろん、よいことばかりではなかった。

田中住職を先達にして多くの行者と共に大峯奥駈修行に励む

改革の中には宗門内では初ともいえる懲戒処分にかかわる決断もあった。宗則や懲戒制度の整備の対応にも着手した。教団が成長し、組織化されるなかではそれもまた、必要欠くべからざるものではあった。

いずれの改革も反発は常にあったが、推し進めた。こう振り返る。

「人間というのは既成のシステムが変わるのはいやなものです。理屈は別にして、快しと思わない人もいる。けれども、時代に対応できないと組織はもたない。頭ではそう思っていても、また現場で気がついてもその危機感は本山や宗務になかなか反映できない。うちのような小さな宗団であっても、その問題は常に抱えている。寺院でも宗団でも時代にどう向き合うかは、いつも、その時代の人々に問われていると思う」

しかし、一山だけではいくら頑張っても限界がある。将来にわたっての修験道普及のために動いたのが、前述したように宗派を超えてつながることだった。

二〇〇〇年の役行者千三百年御遠忌を契機に、三山連携へと向かう。それがユネスコの世界文化遺産認定へのステップとなる。

「それまで世界遺産登録に向けて、個別個別の地域で手をあげておられたようです。でも、三山で動いたり、修験道のシンポジウムなどを重ねるうちに、『紀伊半島全体が世界遺産だ』と思ったのです。三つの異なる霊場を千年にわたってつないだのは参詣道だけでなく、神も仏も分け隔てなく尊んできた修験の行者でもありました。まさにこの地域全体が、日本独自の神仏習合、精神文化のあらわれなのです。手をあげたその年に文化審議会で答申され、協力体制も力となり、とんとん拍子でした」

地道な宗内改革の一方で、世界的な情報発信。次第に世間でも「修験道」への関心や印象が変わり始めた。

宗務総長としての最後の大仕事は、やはり仁王門修復勧進のための金剛蔵王権現のご開帳。反対の声もあったというが決断できたのは、もはや「修験道は正しく評価されている」という確信があったに違いない。だからこそ、金剛蔵王権現の姿に多くの人々が心を動かされたのだ。

修験道は世界に広がる日本のキーワードだ

さて現在、自坊の林南院に戻ってからは、もっぱら執筆や講演に励む日々。地元のコミュニティラジオにもレギュラーとして出演している。

「金峯山寺に務めていたころは、ほとんどお寺は妻にまかせっきり。戻ったからといって信者さんがすぐにわんさかと来るわけではありません。早くお寺で生計が立つようにしなければいけないとは思いますが、ま、しばらくはのんびりやっていけばいいかなと……」と笑う。

むしろ、最近は「金峯山寺」の名にこだわらない場で、活動を広げているというから、実に大らかだ。

一つが、これからの日本を背負っていく若者たちの育成の場としての私塾の開塾だ。

「春日大社の権宮司さんだった方からのお声がけです。〝そろそろ世の中に恩返しをしよう〟と。若い僧侶や、農家の方などをお招きし、日本の伝統的なものの原点を勉強する場です」

大自然の中での厳しい修行が「里の行」へとつながる

もう一つが、宗教学者の山折哲雄氏らの呼びかけで始まった、環境問題を考える会だ。一般社団法人自然環境文化推進機構の発足である。
「環境問題は地球規模の問題。ここにどう向き合っていくかは現代社会の命題です。日本では、お寺や神社が自然を守ってきたところが大きく、そこを外しては環境問題は語れない。でも政教分離の問題もあって、なかなか国と連携しにくいというハードルがあります。そこで、両者を橋渡しする団体として作られました。私自身は、日本的な信仰心から自然に向き合ってきたのが、修験道だと思っている。自然との向き合い方を学ぶことで修験道の現代的意義が高まる。それは今後の日本を作っていく大きなキーワードになると確信しています」

まさに、吉野に意味があれば日本に意味があり、それはすなわち世界にとっても意味がある——。田中住職はこう話す。

「昔は、山伏は卑下されていると思っていたけれど、社会に出て活動するうちに、綺羅星のようなたくさんのお坊さんや神主さん、学者さんたちに出会うことができた。むしろ、山伏って面白いと興味を持たれた。そのなかで決して卑下されるような存在ではないと思えるようになりました。修験道には『山の行より里の行』という教えがあります。山で真摯に修行をして、里に下りてからは人に寄り添う。そうして支えられてきたのが、もともとの修験道でした。大きな伽藍はないけれど、そういう生き方ができるのは、素晴らしいことではないか……」

それは決して、自分ひとりの思いではないと田中住職は考える。

「明治以降、金峯山寺は衰え、権現様は外に出して壊せと命じられた時期もあった。

十三年間、鏡を置かれて神社になった時もある。でもあの権現様のお姿は、ありがたいものは何でも取り入れようという、日本人の信仰の融合体みたいなものです。権現様は元来は秘仏ではなかった。明治の法難によって隠されてしまったのですが、日本人の信仰のよりどころを隠してはいけないと思う。特別ご開帳に毎年、何万人もの参詣者が来てくださる。この時代に修験信仰や権現信仰が意味を持ちえるということ自体、いま思えば時代の要請だったという気がしています。私も、自分がしたというより、そうさせられたという思いのほうが大きいですね」

この春も姿を現す秘仏金剛蔵王権現。そのするどい威光を前にした人々の心に何が湧き起こるだろうか。吉野山で受け取ったそれが一人ひとりから発信される時、社会の中に修験道、いや広く仏教の豊かな世界がさらに広がるに違いない。

〔文／本誌・上野ちひろ〕

4

女性で初の節談説教師として大活躍の涙なくしては聞けない本当の話

愛知県名古屋市北区

真宗大谷派 有隣寺

祖父江佳乃 住職

PROFILE

1967(昭和42)年、愛知県名古屋市生まれ。愛知淑徳大学文学部国文学科卒業後、ラジオ局アナウンサーを経て同朋大学仏教専修学科を卒業。2012年に有隣寺住職に就任。現在、節談説教師として年間100回近くの高座で仏法を説く。20年に自身を含めた伝統仏教12宗派の僧侶の法話を収録したＣＤ『感動する法話集』（株式会社ユーキャン）が刊行される予定。

扉の写真／節談説教をする祖父江佳乃住職。堂内は笑いと涙、そして念仏がわき上がる

思わず知らず念仏がわき上がる「節談説教」

満堂の老若に感動的な節談説教を行う祖父江佳乃住職

ぎっしり詰めかけたお堂に僧侶が静かに歩み出てくる。満堂の視線が注がれる中、阿弥陀如来の前に坐って「ナマンダブ」と手を合わせると、堂内も「ナマンダブ」と続く。高座に端坐するのはきりっと髪を結い上げた女性僧侶だ。厳かに和讃を唱えてから「ようこそお参りいただきました」と輝く笑顔で挨拶。隅々までずいっと顔を見せながら「美人でございます」。どっと笑いが起き、場が和む。

この日は大阪の本願寺津村別院で節談《ふしだん》説教布教大会が開かれていた。最初の登壇はこの人、愛知県名古屋市にある真宗大谷派有隣寺《ゆうりんじ》の第三世、祖父江佳乃《そぶえよしの》住職だ。女性初の節談説教師である。

「私の祖父は祖父江省念という説教者でございました。初めて衣を着けた時、祖父が私の手に数珠をかけてくれ、こういいました。『逃げれんぞ』」。枕は卓越した説教で知られた祖父、省念師のこと。

「『ご開山親鸞聖人様の教えを広く分かりやすく語っていくのが、坊主の役目だぞ』といつもいつも祖父は申しておりました。今、私は祖父と同じ道の高座に上がらせていただいております。親鸞聖人様も出家される時には、ある出会いがあったということでございます」

聴衆はいつの間にか、親鸞聖人の時代へといざなわれる。佳乃住職が語るのは『親鸞聖人御一代記』の「出家、学道の段」だ。八歳にして松若丸（親鸞聖人の幼名）は母の臨終に立ち会う。

高座の姿そのものに念仏が…

「別れは世のならい。悲しんではいけません」「お母様、いやでございます。私はもっともっと大きくなってお母様に親孝行がしたいのでございます」

幼い松若丸とやさしく毅然とした母を、声色と表情で演じ分ける。母は子にいう。

1935年に節談説教の名人・祖父江省念師が聞法の場として開いた有隣寺

「親孝行ならお前様にはようようしてもらいました。お前が生まれた時、初めて笑った時、初めて立った時、歩んだ時、その一つ一つが私にとっては全て孝行」

迫真のやりとりに引き込まれる。この言葉は佳乃住職が省念師からいつもいわれてきたことだ。「お前の誕生日はわしが爺様にさせてもろた大事な日じゃ」と。

語りは続く。「弱き者に光を当てる道を」との母の遺言で松若丸は出家を決意する。京都の青蓮院を訪ね、慈鎮和尚から出家を許された松若丸。「今日は遅いから得度は明日に」という和尚に詰め寄る。「今すぐこの頭、剃髪してください！　和尚様はいつも仏法のことは急げ急げとおっしゃるではないですか。母は私の頬に温かい手をあててくれた後すぐ、帰らぬ人となりました。私とてこの一瞬生きていますが、この後、どうなるかは分かりません！」。松若丸の澄んだ声が響く。情景が目の前に広がるようだ。女性たちはハンカチで目頭をぬぐっている。

「どうかみなさまもこの瞬間瞬間に教えと出会っていただきたく存じます」

ぐっと聴衆を見据えながら合掌し、佳乃住職は高座を下りた。お堂には最初の何倍もの大きさで「ナマンダブ、ナマンダブ」と念仏がわき起こった。

説教ブームを起こした祖父・省念住職の教え

高座では堂々と見える佳乃住職だが、実際は小柄な人だ。直裰《じきとつ》に墨袈裟もしくは五條袈裟をつけ、中啓と木念珠を持つのが真宗の説教師の正式な装束だったという。佳乃住職は「中啓は祖父が使っていたものです。ボロボロですけど、これと一緒に出ると安心します」と話す。佳乃住職をこの道に導いた省念師は一九〇八年、岐阜の農家の子に生まれた。九人兄弟で生活は貧しかったため、小学三年生の時、お寺の小僧に志願。努力を続け真宗大谷派の教師となった。当時は説教師が群雄割拠する時代。名説教を聞くうちに説教師を志す。古池秀賢師に弟子入りすると「一日中話しても枯れない声にするため川に向かって説教せよ」と指導された。朝晩、養老の滝に向かって説教すると、三日で喉から血が出て四十日後、新しい声を得た。師匠に随行して修業し、二十二歳の時に独立を許されるとめきめき頭角を現す。聴衆は満員、年三百日も説教に呼ばれるようになった。「聞法の場をつくってほしい」と信徒から境内地の寄進を受け、一九三五年、開いたのがここ、有隣寺だ。

　省念住職が心血を注いだ節談説教とは何か。佳乃住職はこう説明する。

「元々お説教といえば高座でするものでした。読み書きができない人にもご信心を分かりやすく伝えるためです。それが西欧文化が入ってくるとお説教も講義形式が主流となり、いつしか高座でする説教は節談説教と呼ばれるようになりました。〝節〟といいますが、祖父は『言葉というのはすべてが節だ』と普通にお話していましたね。説教師であること以前にお坊さんであること、仏法を分かりやすく伝えることを核としていました」

節談説教に用いる法具

仏教大学の関山和夫教授によると節談説教とは《ことばに節（抑揚）をつけ、洗練された美声とゼスチャーで演技的表出をとりながら聴衆の感覚に訴える詩的、劇的な「情念」の説教》だという。説教は仏教伝来時から行われてきたが、特に聞法を重視する真宗で高度な話芸として発展した。すぐれた説教者を輩出し、教義を広める立役者となってきた。ところが、戦後、西欧文化がもてはやされると「節談説教は時代遅れ」との風潮が宗門内に高まり、説教は法話に、高座はテーブルと椅子へと変わった。だが、省念師は節談説教一筋に打ち込んできた。

説教一筋だった祖父江省念師

省念師の説教はどのようなものだったのか。幼い頃から省念師の説教を聞いてきた有隣寺の責任役員、水野すみ江さんは「おじいちゃん先生が出てこられただけで手が合わさりました。声はしわがれているのにマイクがなくても後ろまでよく届く。お話は笑いあり涙ありでね。最後はありがたい気持ちになる。今はお説教が終わると拍手でしょう。それが自然と南無阿弥陀仏とお唱えが出るんですよ」と振り返る。

宗門が説教を重視しなくなったとはいえ庶民は正直。省念師の説教は満堂だった。俳優の小沢昭一氏や永六輔氏らも感銘を受け、魅力を伝えたため、省念師は全国のホールに招かれ、昭和四十年代、「説教ブーム」が起きた。説教師を志す僧侶も増えている。佳乃住職は話す。

「祖父はいっていました。僧侶の役割は難しいお経をやさしく、やさしいことを深く、深いことを広く伝えることだぞと。親鸞聖人の教えを伝えるのにお説教以上の手段はないと、祖父のお説教を間近で聞いて来てつくづく感じます」

「すべてはお寺に育ててもらいました」

有隣寺は名鉄小牧線・地下鉄上飯田線の上飯田駅から徒歩五分の住宅街にある。約千坪の境内には二階建て本堂と庫裡、宗教法人立の保育園「徳風幼児園」の園舎も建つ。本堂では子供たちがお昼寝中。外陣だけでも八十畳と、町寺にしては広く、これだけ広さが必要だったことを物語っている。省念師が説教するとこれでも入りきれなかったのだ。

保育園は一九四七年、省念師と妻逸子さんが本堂を開放して始めた。現在は佳乃住職が園長、妹が副園長を務める。子供たちは本堂に出入りする時、必ず合掌。「本堂では喧嘩もしません。ちゃんと畏敬の念がそなわっています」と佳乃住職は目を細める。園では障害児保育もしており、障害児には先生が一人ついて見守る。「障害のある子もない子も一緒に遊ぶのですごく成長します」

省念師はお寺で「男性も女性も誰でも平等」といい続けてきたという。それは自身がつらい経験をしてきたからこそだ。なかには、説教に呼ばれて行っても「在家出身者は内陣に入らないでほしい」という住職もいた。佳乃住職は、「親鸞聖人は在家の生まれなのになぜ差別されるのか」と苦しみ、もがいた。「祖父の説教が人々を引きつけたのは、自分自身が仏様に手を合わさずにはいられなかったからでしょう。次の世には差別や苦しみをつなげてはいけないと強い願いがありました」と指摘する。

佳乃住職は一九六七年、父照道師と母章子さんの下、三人姉妹の長女に生まれた。父は当時、もう一人の祖父・仲野良俊師が所長を務める教学研究所の所員、母は幼児教育の資格を取るため短大に通っており、子供たちは省念住職夫妻が育てた。門徒との距離が近いお寺。門徒の子供たちも省念住職の膝の上で遊んだ。一方、佳乃さんはお寺が忙しいと門徒に預けられていた。「文字通り、すべてはお寺に育ててもらいました」。孫を寝かしつけるのも省念師。毎晩、様々な話をしてくれた。「地獄の話で、眠れなくなりました」

本尊に見守られ昼寝する園児

省念師は六十歳の時、眼底出血で目が不自由になったため、読みたい本を佳乃さんに読んでほしいと頼んだ。おかげで教行信証や歎異抄はもちろん、中村元や吉本隆明など高校生が手に取らない本に触れた。回《え》向《こう》を「えむかい」と読もうものなら「回向には二つあって……」と即説教に。「今日見たことを教えてほしい」という省念師に「きれいだった」「汚かった」などと答えると、「どうきれいなのか」「どう汚いのか」と突っ込まれた。

愛知淑徳大学文学部国文学科を卒業後は「夢も目標も特になかった」という佳乃さん。ラジオ局のアナウンサーを二年した後「教師資格を取っておこう」と同朋大学の仏教専修学科に通った。「おじいちゃんが何でも教えてくれたのでいい成績でした」と笑う。勉強に使った聖典を見せてもらうとびっしり書き込みがある。

省念師は六十八歳で息子の照道師に後を譲った後も、説教師としてますます活躍し全国を巡った。一九九六年、八十八歳の時、心臓発作で遷化するまで、杖代わりとなり、どこにでも随行したのが佳乃師だ。遷化の四日前には自身が修業した岐阜のお寺の報恩講で三日間つづけて、説教を勤め上げたというから、みごと。佳乃師が三十歳の時のことだ。

「喪失感は大きかったです。でも一番つらかったのは父だったはず。どうしても比べられてしまいますから」と佳乃住職。

父、照道住職は早稲田大学を出た秀才。教学を学び、宗議会議員や内局の参務を務めた。お寺に野球チームを作り、お経の勉強会を開いたりと開かれたお寺づくりは続けたが、高座に上ることはなかった。

説教師を志したのは佳乃師だった。きっかけは祖父と無関係の人が突然、「省念直伝」と冠して節談説教を始めたことだ。「全然別物。『祖父をご存じなのですか』と聞くと、『会ったことありません』。祖父の苦労を見てきたので悔しかった」

二〇〇七年、四十歳の時だ。とはいえ、「祖父の説教は一門徒として聞いていただけ。自分がするとは夢にも思わなかった」という。祖父が「やさしいおじいちゃん」から「師匠」へ変わった。が、本人はもういない。テープを聞き返し、一対一で教わった聖典を開いた。なにより祖父の言葉は体中に染みこんでいた。

つらいDVの末の離婚を乗り越えて

二〇〇八年二月、西本願寺の聞法会館で行われた説教セミナーで初登壇した。ところが三カ月後、同朋大学の理事長就任中に、照道住職が遷化してしまう。七十歳だった。門徒は「跡継ぎは佳乃さんに」と快く認めてくれた。省念師が「男女平等」といい続けてきたからだろう。が、「本当に私でいいのか」と悩んだ。「準備期間を三年ください」と頼んで、まず代務住職の肩書きにしてもらった。「看板を汚せない」と死にものぐるい。「いい布教の先生がいる」「声明の先生がいる」と聞くと駆け付け、門を叩いた。「有隣寺は私が守るんだといつも肩を怒らせ、前を睨みつけていました」

必死になったのは理由があった。

「せっかく養子を迎えてみんな喜んでくれたのに、離婚で迷惑をかけてしまいました。一生かけて償わなければ、私に任せてよかったと思ってもらえるように頑張らなければと気負いがありました」

二十九歳の時、在家出身の男性と結婚し、娘を授かった。跡を取ってもらう予定だった。ところがプレッシャーに堪えられなかったのだろう。夫のＤＶ（家庭内暴力）が始まった。「祖父を見て、男の人はみんなやさしいものだと思っていた。それが……」。周囲になかなか相談できなかったが、省念師は亡くなる直前に「もういいぞ」といってくれた。「気づいていたのでしょう」。三十五歳の時、裁判を経て協議離婚をした。今も佳乃住職の腕には割れたコップで殴られた傷跡が残る。だが「もう終わったことです。信心がなければきっと一生恨み続けていたでしょう。つらい経験もい

2012年５月に有隣寺第３世の住職就任法要を見事に厳修した佳乃住職

つかお説教に生かせるかもしれないです し。転んでもただでは起きませんから」と明るく微笑む。

二〇一二年五月、住職就任法要が二日間にわたって厳修された。初日は節談説教大会。四人の説教師が熱く教えを説き、最後は佳乃新住職が登壇した。大阪の同和地区から太鼓集団も招き、みんなで差別問題について考えた。参詣者は三百人を超え、中に入りきれないほどだった。

翌日は保育園や門徒の子など、八十人の稚児行列が華を添えた。門徒はこの法要のため千二百万円の浄財を集めてくれ、当日は「有隣寺」と染め抜かれた法被《はっぴ》をまとって一致団結。釈迦如来像も寄進してくれた。保育園の子たちはこの釈迦如来像に朝晩、手を合わせている。

門徒総代の中山克宏氏は「佳乃さんは三年間、本当に努力してきた。あとはお説教で省念先生を超えてほしいですね。佳乃さんのためにみんなでまたうどんを作りますよ」と話す。

うれしく、たのしく、おごそかに…

毎月二回行われていた省念師の説教会には、婦人会がお昼に手打ちうどんを振る舞っていた。近所の人たちはうどん代の百円とお賽銭で半日、楽しくお寺で過ごすことができたのだ。説教師はお寺を空けてしまうことも多いが、みな快く送り出してくれるという。

「みんなの教化への思いがすごい。自分が導かれるのと同じように、他の人も導かれてほしいという思いがおありです。この寺を守ろう守ろうと必死でしたが、本当は私の方がお寺から守られているのだとやっと気づきました」

佳乃住職の朝はまず母親業から始まる。五時半に起きて高校生の娘のお弁当作り。「だいたい母が先に用意してくれているんですけど。娘には『ママのご飯は焼くか揚げるかだけだね』といわれます」と苦笑い。娘を見送ると僧衣に着替え、本堂でお勤め。八時前に月参りに出発する。年五十回はお説教に呼ばれるため、夜は台本作りに励む。「舞台裏は醜くすぎてお見せできません。鶴の機織《はたお》りです」

住職就任記念に門徒により寄進された釈迦如来像

ネタ帳には新聞の切り抜きが張られ、時事ネタがぎっしり書き込まれている。「新聞とお経は両輪だ。坊主が赤本（経本）ばかり見ていてはいけない」という省念師の教え通り、説教には必ず世相を織り交ぜる。「オバちゃんたちに受けるように」と週刊誌のチェックも欠かさない。このネタ帳を基に推敲を重ね、一カ寺一カ寺に合わせたオリジナル台本を作る。心がけるのは自分で自分の説教にうなずけるか。「お説教しながら泣くことがあると『よし！』と思います」と笑う。

佳乃住職の説教の特徴は女性にスポットを当てること。親鸞聖人の母や妻の恵信尼《えしんに》の心情がきめ細かに語られる。説教を聞きに来る人の大半は女性だ。わが身に照らし合わせ引き込まれる。もちろん男性も母や妻を思い起こすだろう。

「報恩講三日間十五座でヒーヒーいっています。おじいちゃんは一週間でも二週間でも話せました」。説教師は「また来年も来てほしい」といわれるか何もいわれないか。厳しい世界だ。「祖父も『一生修業の身じゃ』といっていました」

喉を冷やさないよう夏でもタートルネックを着て寝る。辛いものも食べない。「咳が出ても『アレルギーだ』と暗示をかけます。おかげで風邪は引きません」と笑う。

お説教の前日はほとんど眠れず、「一晩中ブツブツつぶやいています」。それが本番は一転、笑顔で登壇する。「高座では私が一番と思うようにしています。有隣寺のモットーは〝うれしくたのしくおごそかに〟。暗いお寺って行きたくないでしょう」。帰りの車内ではまた一転。「暗く一人反省会」をし、帰宅後「反省ノート」に細かく記す。「全然ダメだったとしょっちゅう泣いてます」

女性住職や女性説教師ということで嫌な思いをすることはないのか。

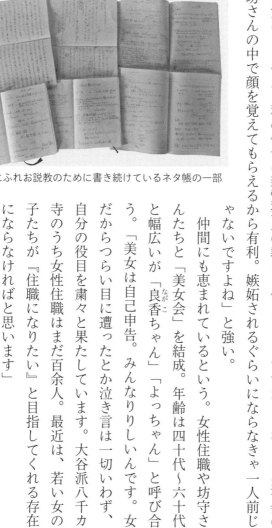

「気にしません。私の使命は親鸞聖人の教えを伝えることですから。むしろ男社会の坊さんの中で顔を覚えてもらえるから有利。嫉妬されるぐらいにならなきゃ一人前じゃないですよね」と強い。

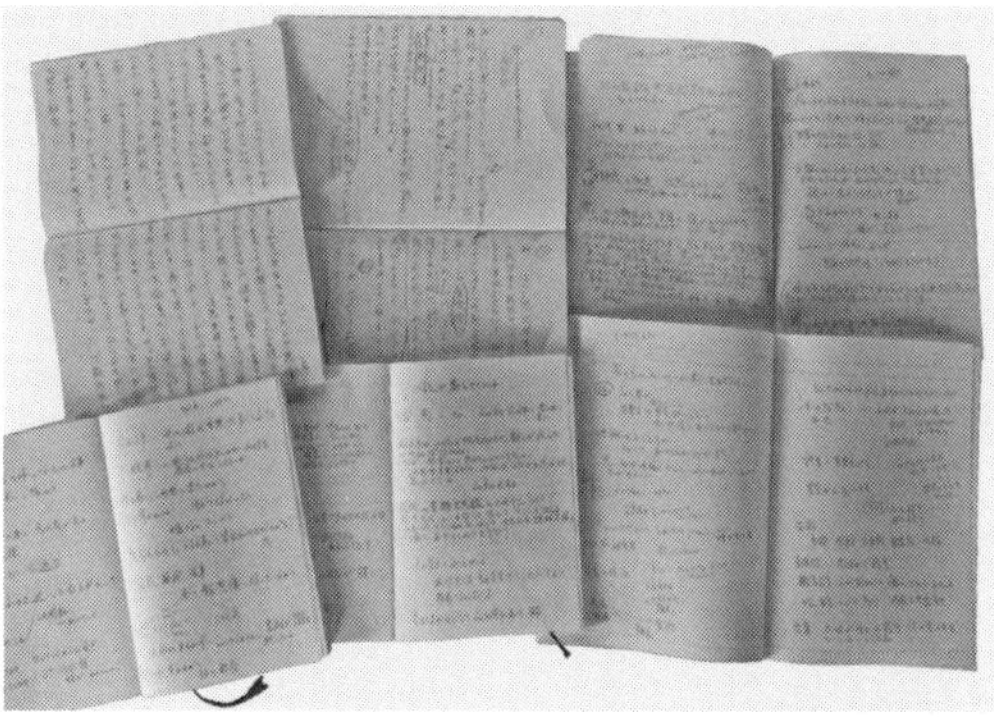

折にふれお説教のために書き続けているネタ帳の一部

仲間にも恵まれているという。女性住職や坊守さんたちと「美女会」を結成。年齢は四十代〜六十代と幅広いが「良香《ながこ》ちゃん」「よっちゃん」と呼び合う。「美女は自己申告。みんなりりしいんです。女だからつらい目に遭ったとか泣き言は一切いわず、自分の役目を粛々と果たしています。大谷派八千カ寺のうち女性住職はまだ百余人。最近は、若い女の子たちが『住職になりたい』と目指してくれる存在にならなければと思います」

娘の慈樹さんも頼りになる存在だ。ハンセン病療養施設を訪れることになり、前日、患者が受けてきた差別の歴史を語り合った。出がけに「頑張ってくるね」というと「そういうこと自体、ママの中の差別だよ」とピシャリ。「説教師って自分が一番偉いと思ってる人、多いよね。そうなったらおしまいだよ」と指摘されたことも。肝に銘じた。

次の目標はお説教でお寺をいっぱいにすること。毎年五月、父の命日にお堂での「説教大会」を復活させた。二〇一三年で五回目となる。「説教師が研鑽できる場に」との願いもある。お通夜や保育園の行事でも必ずお説教をしている。

「お寺の経営は厳しい時代といわれますが、きちんとお説教をし、お念仏を相続していければ大丈夫じゃないかと思うんですよ」と佳乃住職は省念師の中啓を固く握りしめた。そう遠くない日、省念師の時と同じぐらいお説教で笑いや涙、念仏があふれるお寺になるだろうと思えた。

二〇二〇年二月、保育園の事務長を務めていた妹の尚乃さんが闘病の末、四十八歳で旅立った。「悲しみが癒えることはありません。妹から生きること、生かされること、生き抜くこと、生きなければならないことを教えてもらいました」佳乃住職はそう静かに話し、前を向く。五十代を迎えた現在、呼ばれる高座は年間百近くに上るが、「こんなことをしたい、あんなことをしたいとアイデアが次々に湧いてくる」という。

そんな佳乃住職、「若い女の子たちにこれだけは伝えたい」と切り出した。

「私自身、男だったらと思うような嫌な目に遭ったこともありました。けれど、そんなことは私で終わりにしたい。あなたたちは同じ思いをしなくていいと伝えたいんです。でもそれは、私よりも前に道を切り開いてくれた女性たちがいるからこそ。そう感謝することだけは忘れないでいきたいと思うのです。あとは、頑張りすぎないこと。そして、見た目もきれいでいようということです。汚いところには皆さん来たくないでしょう」朗らかに笑ってそう話す。

娘の慈樹さんは、昭道前住職と同じ早稲田大学、同大学院に進学し、今もさまざまな気付きを与えてくれる。「お坊さんの世界しか知らなかった私は、娘を通して世間のいろいろな考えを学ばせていただきました。仏様の前では男も女もありませんが、女だからこそ気付けたことや母親の視点は、お説教に生かせると感じています」

うれしく、たのしく、おごそかに、佳乃住職の説教の旅は続く。

5

誰もが住み慣れた自宅で最期をと
身を捨てて医療に尽くす住職あり

岐阜県羽島市竹鼻町

真宗大谷派 伝法寺
小笠原文雄 住職

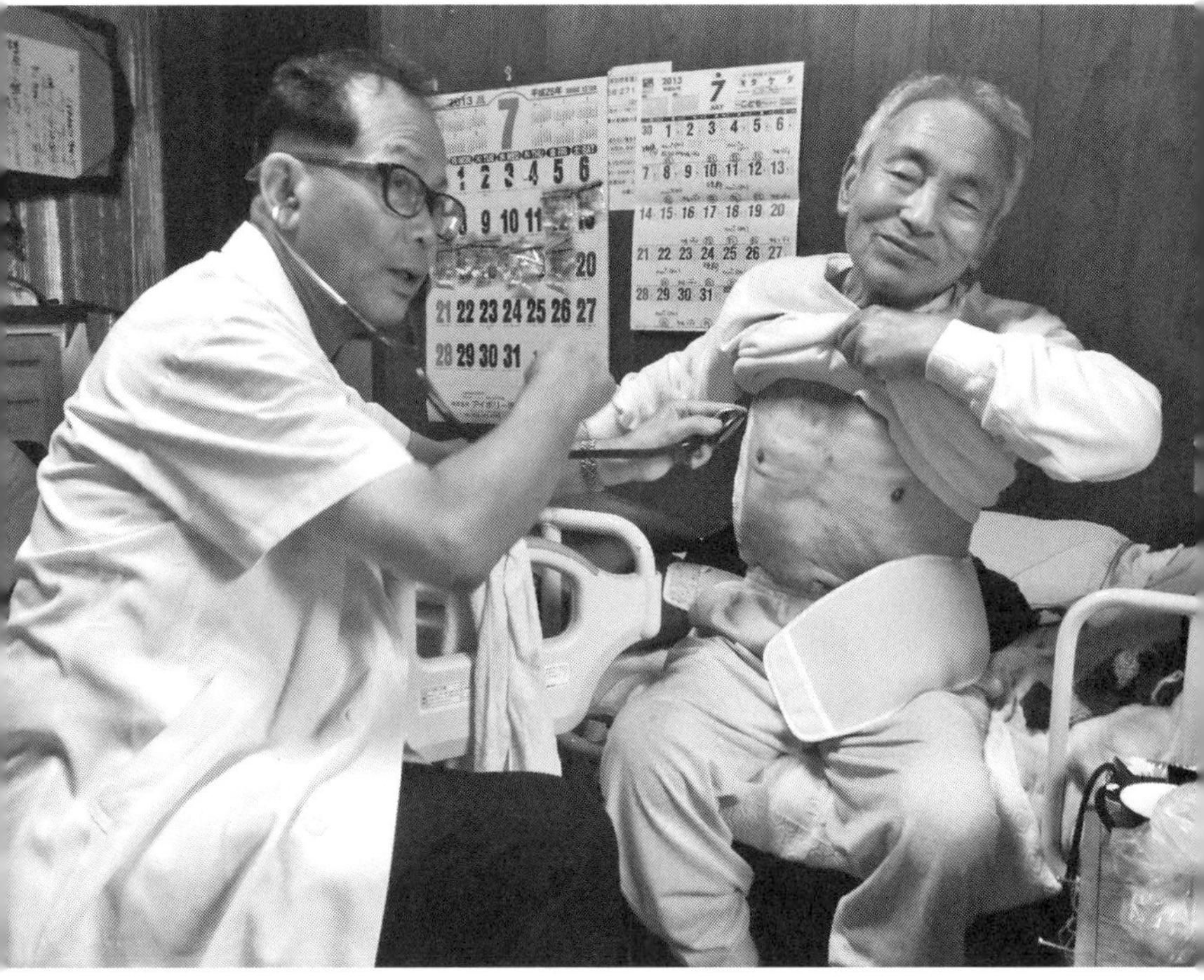

PROFILE

1948(昭和23)年、岐阜県生まれ。73年名古屋大学医学部卒業。医学博士。57年得度し72年に教師資格取得、2011年伝法寺住職に。1989年に医院を開業し現在、医療法人聖徳会小笠原内科・岐阜在宅ケアクリニック理事長兼院長、日本在宅ホスピス協会会長、名古屋大学医学部特任准教授等を務める。2020年第16回ヘルシー・ソサエティ賞受賞。共著『上野千鶴子が聞く　小笠原先生、ひとりで家で死ねますか？』、著書『なんとめでたいご臨終』。

扉の写真／ひとり暮らしの患者の往診をする小笠原文雄住職

「やあ、小池さん」

白衣をラフに羽織った医師が満面の笑顔で入ってきた。ここはひとり暮らしの男性の家。医師は男性の胸に聴診器を当て、「今にも死んじゃうかと思ったのに、すっかり生き返っちゃったね」。歯に衣着せぬ言葉にちょっとびっくりしていると、男性も「いつでも覚悟はできてますよ」と朗らかに答える。傍らでは看護師が二人の会話にほほえみながら、丁寧に介助をしている。

医師は在宅ホスピス緩和ケアのパイオニア。岐阜市にある小笠原内科の小笠原文雄《おがさわらぶんゆう》院長（七十一歳）だ。同市の南、羽島市の真宗大谷派伝法寺《でんぽうじ》の住職でもある。

二〇一三年、こんな診療を行った。ひとり暮らしの小池佐敏さん（八十一歳）は前年、大動脈弁狭窄症の手術を受けたが、病院ではまったく起き上がれない状態だった。そのため「最期は自ら建てた愛着のある自宅で迎えたい」と希望し、小笠原院長に相談。同年一月、小笠原内科の在宅医療を受け始めた。すると今では趣味の絵画を楽しみ、デイサービスに通うまでに回復した。「先生は何でもはっきり言ってくれるから信頼できるよ」と満足そう。手術の時、側胸部に開けた大きな穴からは肺が見えたままで、今も出血している。体はつらいはずだが「看護師やヘルパーさんたちがよくやってくれるから不安はない。ありがたいことです」といたって穏やかだ。

「やっぱり自宅が一番です」

続いて車で向かったのは同じくひとり暮らしの入江光子さん（八十八歳）の家。「入江さーん、こんにちは」。目が見えず、耳も聞こえづらい入江さんの耳元に顔を寄せて話しかける。「あら、小笠原先生？」。二人はがっちり握手。入江さんは末期がんで痛みがひどく病院では寝たきりだったが、小笠原院長の処方したオピオイド（医療用麻薬）が効き、体を起こせるようになった。「目が見えないから病院は不安だったの。やっぱり家が一番ね」とにっこり。小笠原院長は「お仏壇のそばで暮らせるのも安心に繋がっているのでしょう」と。行動範囲はベッドの上のみだが看護師やヘルパー、ボランティアに看守られ、夫の仏壇に手を合わせながらひとり暮らしを続けている。

枕元にはタッチパネル式のテレビ電話がある。指で触れると二十四時間、ヘルパーステーションにつながり、必要な時はヘルパーがすぐ駆けつけてくれる。介護保険を使えば月千五百円の基本料で利用できる。壁には《救急車は呼ばず、まず小笠原訪問看護ステーションに電話してください》と張り紙がある。自宅で自然死を望んでも、急変すると家族やヘルパーが動転して救急車を呼び、延命処置や緊急手術がなされ、最期に苦しい思いをするケースも多いからだ。

医療にも尽力する伝法寺の小笠原文雄住職

それにしても二人とも重い病気を抱えているのに実に朗らか。小笠原院長によれば、「人は死ぬところが定まると心が定まります」ということである。

小笠原内科はＪＲ岐阜駅から徒歩五分の住宅街にある。外来診療とともに、二十四時間対応の在宅ホスピス緩和ケアを行う。在宅ケアのスタッフは二〇二〇年現在、小笠原院長を含めて医師六人と看護師十五人、ケアマネジャー二人、臨床宗教師、管理栄養士、臨床検査技師が一人ずつ、事務員六人。常に平均二百二十人の患者を在宅で看ている。現在までの三十一年間で千五百人を看取ったという。

小笠原院長が最も大切にするのは「患者に笑顔になってもらうこと」という。たとえば余命宣告され、在宅医療を受ける六十代の末期がんの男性。酸素吸入器をつけ寝たきりだが、ほくほくのえびす顔。枕元を見ると「水」「酒」と書いた二つの吸い口とストローを挿したビール缶まである。病院なら叱られるが、飲酒は小笠原院長が許可した。入院中は眉間にしわを寄せ、いつも不機嫌だった男性だが、在宅医療で大好きなお酒を許されてからは仏様のような表情になり、家族へ感謝の言葉も増えた。

「あと三十年生きる可能性があれば、お酒やタバコはやめなさいといいます。でも半年や一年だったら、好きなものを食べて楽しみ、笑顔で過ごしてほしい。それに」と小笠原院長。「リラックスでき、免疫力が高まるので、自宅に帰ると余命宣告より長生きされる方は多いですよ」

患者の家族にも目を配る。たとえばある末期がんの七十代の女性。夫が献身的に介護をするが、「笑顔になっていない」と感じていた。「どうしたの?」と尋ねると、「夫が一生懸命すぎて窮屈だ」と打ち明けた。夫は弱音を吐かない性格。だが妻の気持ちを伝えると堰を切ったように泣き出した。泣き止むのを待って小笠原院長は「癒しを与える側に心の余裕がなかったら奥様は癒されませんよ。温泉でも行って、のんびりしてきたら」と提案。二日後、子供や孫と温泉旅行から帰った夫は驚いた。寝たきりで暗い顔をしていた妻が、笑顔でひなたぼっこをしていたのだ。夫は介護しすぎないことが大事だと悟れたという。

　二〇一五年の内閣府の調査では在宅死を望む高齢者は55%だが、実際に自宅で亡くなったのは13%。がん患者だと10%に下がる。小笠原院長、いや住職

24時間対応の在宅ホスピス緩和ケアを行う小笠原内科

はこう話す。

「ひとり暮らしの方はどんどん増え、半分はがんになります。誰もが〝希望死、満足死、納得死〟できる社会にしたいんです。総合病院に勤めていたころは『死ぬ時は苦しくてもしかたないんだ』と考えていましたが、在宅で看取った患者さんたちは『今が一番幸せ』『人生最高の笑顔』『極楽にいるみたいだ』と笑顔と感謝で逝かれました。極楽は生かされているいのちに気付かされ、〝ありがたい〟と思った時、感じられるのだと患者さんに教えていただいた」

「家で勉強などするな、檀家参りに行け」

伝法寺は小笠原内科から十二キロ、ＪＲ岐阜羽島駅から車で十分の所にある。境内は約七百坪、一九一〇年に再建された九十坪の本堂が建つ。室町時代の一四八九年、戦国武将の小笠原氏が仏門に下り創建した。小笠原住職で二十三代目となる。周囲は農村地帯でお寺は一カ寺だけ。檀家は約二百軒弱ある。

小笠原住職は一九四三年、伝法寺の長男に生まれた。姉と二人きょうだい。小学校

室町時代に戦国武将が開いた小笠原住職で23代目の伝法寺

になると父・世雄《せいゆう》住職と勤行し、九歳で得度すると放課後は毎日、袈裟を着て、体の弱い世雄住職の代わりに檀家の月参りに回った。

「父の教えは『家で勉強などするな、檀家参りに行け』。門徒さんは『若様が来た』とお菓子をくれるので、嫌ではなかったです。宿題ができずに学校ではバケツを持って立たされていましたけど」と笑う。幼いころから門徒と触れ合い、自覚を持たせる父の賢明な教育だ。得度した際には、「若いうちは宗教の勉強はいいから哲学を学びなさい。信心があれば宗教は後からついてくる」といい聞かされた。「鉄学?」と聞くと「哲学は生きること、死ぬことを考えることだ。一生かかって考えろ」。少年の心に深く刻まれた。

高校一年の夏、衝撃的なことが起きた。二十歳の姉が原因不明の病で急逝したのだ。姉は「足がしびれる」と病院に入院したが、しびれは急速に全身に広がり、「ぶんちゃん、お父ちゃんとお母ちゃんをよろしくね」と弟に託した翌日、「今日明日の命」と告げられた。父は姉をおぶって病院の表玄関から連れ帰り、家族で一晩泣き明かし看取った。発病から二週間のことだ。「人はいつ死ぬか分からない。無常を感じましたね」と振り返る。

高校時代は親元を離れ、岐阜別院に下宿し、岐阜の檀家五軒の月参りを担当していたというから親孝行だ。数学が好きだったので「数学教師をしながらお寺をしよう」と考えた。そうしたところ、京都大学の理学部数学科に願書を出す直前になり、父から「四年の間にわしは死ぬかもしれん。家から通える大学にしないか。医者なら坊さんと両立できる」といわれ、躊躇せず名古屋大学医学部に進路を変えた。大学在学中も名古屋周辺の檀家十五軒を担当。夏休みは大垣真宗学院の夏季集中コースに三年間通った後、真宗大谷派の教師資格を取得した。

卒業後は大垣市民病院の循環器科医師として仕事に打ち込んだ。いったん名古屋大学に戻り、医学博士を取得してから一宮市民病院今伊勢分院に勤めたが、過労とストレスで目が見えにくくなった。「勤務医は続けられない」と悩んでいると、縁あって知り合いの開業医に「あとをやってほしい」と頼まれた。その病院の患者を引き継ぐ形で開業したのが小笠原内科だ。一九八九年、四十歳のこと。

とはいえ、すぐに在宅医療の礎が築かれたわけではない。前任医師の頃から往診が必要な家が数軒あったが、小笠原院長は意外にも「往診はしぶしぶ」だったという。病院時代の上司に「開業医になっても往診はするな。往診して悪くなったら入院させるのは金儲け主義の悪徳医師だ」と言われていたからだ。「でも妻から、開業時の借金もあるし、患者さんが気の毒だから断ったらダメと言われましてね」と苦笑する。

ところが、その往診が転機となる。一九九二年のこと、末期がん患者のお宅に往診に行った帰りの玄関先で、患者の妻から「男の人ってこの期に及んでも格好つけるんですね」と言われた。前の晩、夫から「明日、旅行に行くから鞄と靴を出して」と頼まれたので、「どこ行くの、私も連れていって」と答えると、「遠いところだから、君は家で待っていなさい」と言われたという。往診の二時間後、夫がほほえみながら亡くなったと連絡が来た。小笠原院長は振り返る。

「こんなに穏やかな死に顔があるのかと驚きました。勤めていた病院では苦悶の表情で亡くなり、悲嘆にくれる家族ばかりだったのに、奥さんは穏やかで清らか。この違いはなんなのだろうと」

その後も自宅で息を引き取るがん患者が続いたが、いずれも穏やかな旅立ち。「自宅というものに何か大きな鍵があるのでは」。そう思い、在宅医療のホスピスケアの道を歩み始める。だんだん、これまでよくないと思っていた在宅医療に力を入れるようになった。すると一九九八年、看護師が「訪問看護ステーションを立ち上げてほしい」と言い出した。看護師は医師の指示で動いていたが、「それではつまらない。訪問看護ステーションを作ってもらえれば、自分たちの判断で訪問看護ができるというんです。僕はよし、と二つの条件を出しました。一つは年間五百万円までは赤字を出してもいい。二つめはもし患者さんからクレームが出たらすぐ中止するということ」

看護師はがぜん張り切り、輝き出した。クレームどころかきめ細かい看護が評判を呼び、利用者が増えた。小笠原院長はいう。

「在宅医療では医者より看護師が主体になった方がうまくいく。患者の暮らしをよく知っているのは看護師ですから」

その考えから二〇〇八年、小笠原院長は「トータルヘルスプランナー（ＴＨＰ）ケアシステム」という制度を編み出した。医療、看護、介護、福祉、保健の知識を兼ね備え、患者の生活に寄り添うケアができる看護師を在宅医療のキーパーソン「トータルヘルスプランナー」としてケアマネジャーやヘルパー、薬剤師、ボランティアなどが連携する在宅緩和ケアチームの中心に据えたのだ。二〇一三年には「ＴＨＰ＋」という患者情報を共有できるアプリも開発し、多職種間のスムーズな連携のみならず、患者と家族の生活の質向上にも寄与した。

孤独死ではなく希望死、満足死、納得死を

実際に在宅緩和ケアはどう行われるのか。患者が在宅での診療を希望すると、必ず小笠原院長自身が面談する。そしてチームで自宅に赴き、ケア方法をよく話し合う。

本人や家族に加え、親族や友人、近所の人に加わってもらうこともある。

「大切なのはケアする側と患者さんの心が通うかどうかです。よく〝孤独死〟といわれますが、家族がいても意に沿わず病院に入れられ、誰とも心を通わせられなければそれは〝孤独死〟です。しかし、たとえ独居でも『ここにいたい』と願う処で心のこもったケアを受けてあたたかいものが生まれ、あたたかい気持ちで亡くなれば、孤独死ではなく、〝希望死、満足死、納得死〟だと思います」

患者の願いを叶えるために、「アドバンス・ケア・プランニング（ＡＣＰ）」という家族会議を何度も行う。そこで本人の意思を確認するのだ。

「開業当初はＡＣＰという名前はありませんでしたが自然とやっていたことでした」。

患者が自宅でケアを受ける際、まず不安なのは「痛みは大丈夫なのか」ということ。小笠原院長は「痛みや苦しみを取ることは重要です。生きる希望が出てきますから。モルヒネなどの医療用麻薬を上手に使えば、痛みはほぼコントロールできます。それに自宅の方がリラックスできるので痛みも取れます」と指摘する。

本人が望んでも家族が反対することもある。こんなケースもあった。肺がん末期で入院中の夫は自宅に戻りたいと希望し、妻と娘が相談に来た。ところが妻は「介護は無理。ホスピス病棟に入れたい」という。娘は父の希望通り家に帰してあげたいと無言の声で訴えている。そこで院長は妻に「奥さんは介護しなくていいんです。ひとり

小笠原院長はじめチーム一丸で在宅診療に取り組む

暮らしの方でも大丈夫なんですから」等々説明したが、理解は得られなかった。そこで腹をくくり、「あなたさえいなければ、ご主人の願いは叶います。一カ月ぐらい旅行にいかれたらどうでしょう」ときっぱり。しばらく沈黙の時が流れた後、妻は目を見開いて受け入れを決めた。それから数日後、再訪すると、夫のおむつ交換をする妻の姿があった。「看護師さんの姿を見ていたら、私にもできちゃった」と妻は笑い、夫はビールを毎日飲んで、一カ月後、おおらかに旅立った。妻からは「先生の言葉にはとっても腹が立った。でも、

おかげで娘との深い溝も埋まり、よかった」と感謝されたという。「本人の希望を叶えたい。だから、心を鬼にして、厳しい言葉をいうこともあります」と笑う。まさに鬼手仏心、対機説法。在宅医療では金銭面に不安を感じる人も少なくないが、実は、入院するよりもお金がかからないそうだ。ひとり暮らしの末期がんの場合でも、八割の患者が医療保険や介護保険の限度額内で収まるという。「現に生活保護の人もケアを受けています。トータルヘルスプランナーが患者の経済状況に合わせて介護保険の手続きや代行も行っています」

在宅医療というと一見、贅沢に感じるが「実は入院するよりも医療費を減らせる」ともいう。病院や老人施設を作ったり維持するには膨大な費用がかかるが、在宅では施設のコストはかか

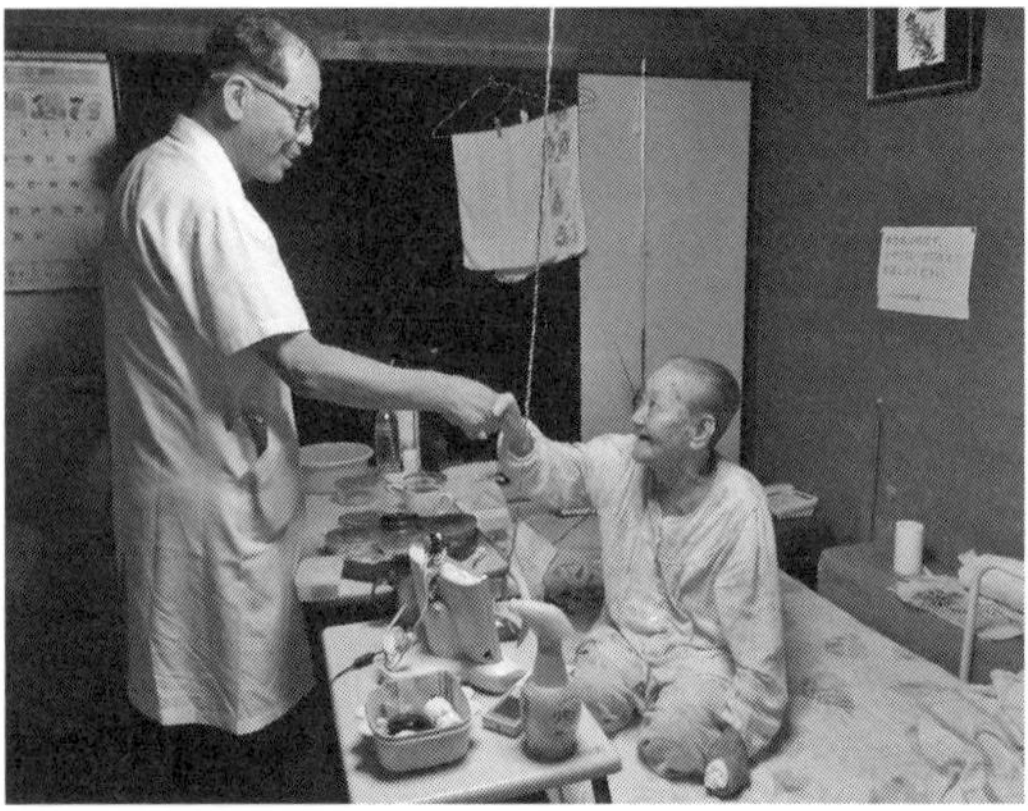

心の健康状態こそ大事と患者を笑顔で往診する小笠原住職

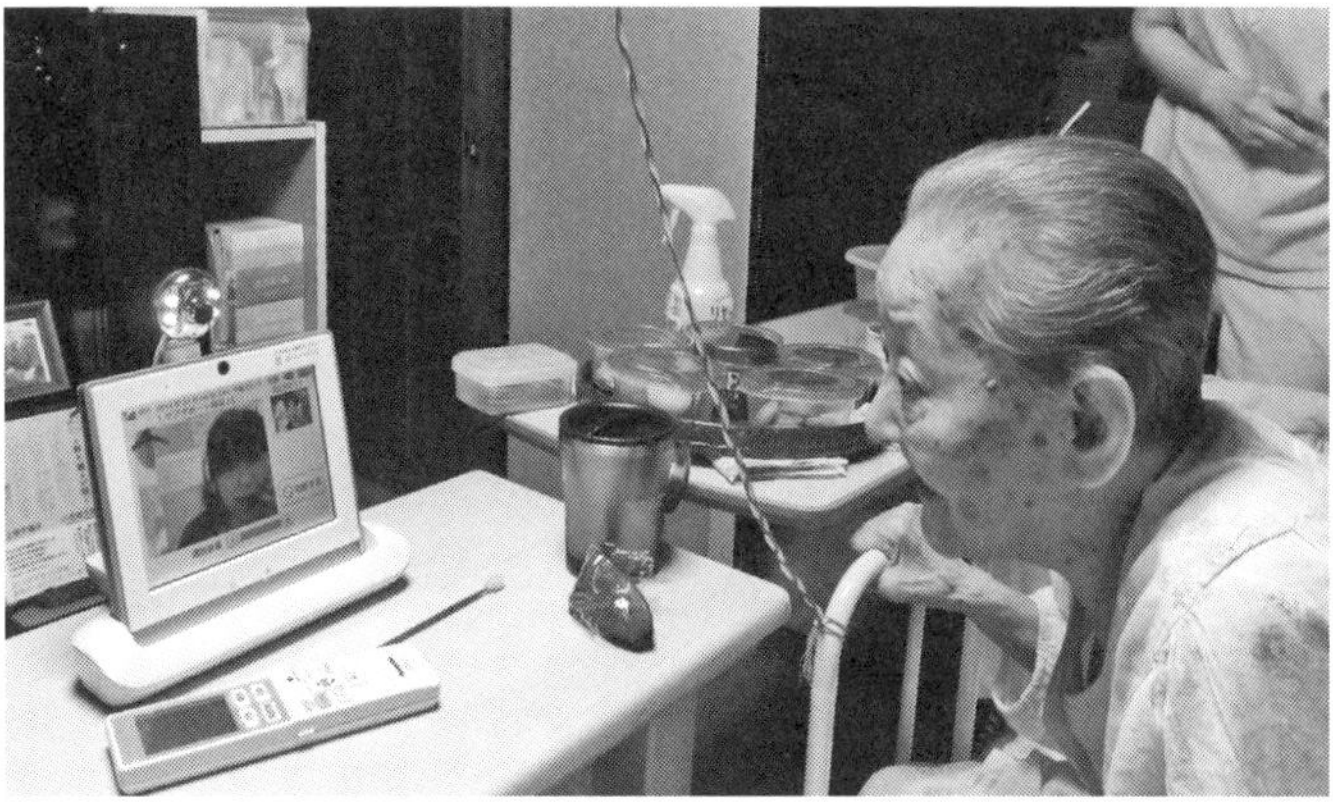

ひとり暮らしの高齢者にも容易に使えるタッチパネルのすすめ

らず、税金も使わずに済むからだ。リラックスできるので薬を減らせることも多いそうだ。

「高度医療をすれば治る病気は病院で治療すべきですが、末期がんや心不全、脳卒中、認知症など自宅でのんびりした方がいい病気も多いです」と小笠原院長。

在宅緩和ケアをしていた患者が亡くなると、看護師は遺族と一緒にエンゼルケアを施す。「在宅医療ならご遺族も一緒に施すことができます。小さいお子さんにも参加してもらえば、〝いのちの授業〟にもなります」とも。娘、孫が揃っておばあちゃんにきれいにお化粧し、マニキュアもして送り出してあげる。忘れがたい思い出となり、家族の絆も強まることだろう。

在宅緩和ケアではボランティアが活躍しているのも特徴だ。小笠原内科では臨床宗教師、アロマテラピー、整膚《せいふ》、マッサージ、傾聴、民話の朗読など、多くのボランティアが活躍している。さらには隣人や民生委員、町内会長などにも必要に応じて協力してもらう。そうすることで、地域包括ケアシステムが確立するのだ。在宅緩和ケアを地域全体で担っていこうという志である。小笠原院長は「ぜひお坊さんにも臨床宗教師として在宅緩和ケアチームに加わっていただきたい。分かりやすい言葉で死生観について伝えていただければ、大きな安心につながります」と期待する。すでに十人以上の臨床宗教師が小笠原内科で学び、現場で活躍している。

小笠原院長が二〇一三年出版した『上野千鶴子が聞く　小笠原先生、ひとりで家で死ねますか？』（朝日新聞出版）では、在宅ホスピス緩和ケアのノウハウを詳細に伝授している。「本当に独居でも大丈夫？」「認知症だと無理では？」と畳みかける上野氏に小笠原院長が「末期がんでも認知症でも自宅で最期を迎えられる」と前向きに答えるのが印象的だ。二〇一七年には『なんとめでたいご臨終』（小学館）を上梓。

小笠原内科では、在宅医療の質を表す指標である在宅看取り率はなんと95％。しかも直近三年の独居者の自宅看取り率も95％という。小笠原院長はこう話す。

「ひとり暮らしの患者さんの九割が、同居していない家族や顔なじみのヘルパー、訪問看護師など誰かがいるときに旅立たれているのです。統計上ありえないことが起きています。在宅ケアで苦痛が取れ、患者さん本人の願う生き方、死に方が叶うことが〝なんとめでたいご臨終〟なのです」

今、力を注ぐのは後進に在宅ホスピス緩和ケアのノウハウを伝えること。全国や、ときに海外でも講演するなど精力的に〝伝道〟している。

小笠原院長の多岐にわたる地道で尊い活動への評価は、患者や遺族だけにとどまらない。二〇二〇年には公益社団法人日本看護協会とジョンソン・エンド・ジョンソン日本法人グループが主催する国民の生活の質（クオリティ・オブ・ライフ）向上に貢献した人を称える第十六回ヘルシー・ソサエティ賞の医師部門を受賞した。

「医者の時も僧侶の時も全く同じ」

これだけ忙しいとお寺の方はどうしているのだろう。「妻におんぶに抱っこです」

と打ち明ける。二十五歳の時、五歳年下の悦子さんとお見合い結婚し、三女一男に恵まれた。悦子さんは結婚後すぐ、自ら志願して大谷派の教師資格を取得した。当時、小笠原住職は勤務医。悦子さんは「毎日お勤めがあって日曜日も法事では気の毒。少しでも手伝えればなと思って」と話す。檀家のお葬式では通夜と葬儀を二人で分担し、月参りや経理、事務や草刈りは悦子さんが一手に担ってきた。

「在家の出身なのでお寺の生活は大変。途中でやめたいなと思ったこともあります。けれども今は月参りにお邪魔させてもらい、地域の方といろいろなお話ができるのが楽しい。門徒さんも主人の勤めを理解してくださっているのでありがたいです」と悦子さん。近所の門徒が草刈りなどいろいろ奉仕してくれるという。

悦子さんは住職について「とにかく気が長い人。怒るのを見たことがない」と評する。と、「この人も気が長いよ」と小笠原住職は笑う。目が悪い小笠原住職を病院や往診先へ車で送迎するのも悦子さんの役。特に初診だと面接に二〜三時間かかることもある。「患者が笑顔になるまでは帰らない」方針だからだ。末期状態の人は闘病に疲れて表情は険しい。患者と心が通じ合い、笑顔を引き出せるまでじっくりと耳を傾ける。その間、悦子さんは車でじっと待機だ。「医療のことは何もお手伝いできませんけど、少しでもお役に立てれば」とほほえむ。

普段、医師の仕事をしている時、宗教者であることを前面に出すことはない。「残念なことに、医療者の間では宗教アレルギーが強い。『僧侶だからできるんでしょ』と思われて、若い医師が在宅ホスピス緩和ケアの道に尻込みしてしまったら惜しい」からだ。が、「僕にとっては医者の時も僧侶の時も全く同じ」という。

お寺の法話でも「人は生まれるところ（処）は自分で決める。ところ定まれば、心定まる。だから穏やかに死ねる。ところ（所）は決められないけれど、生き方や死ぬその人らしい暮らしの中に、希望死・満足死・納得死が訪れる。正定聚不退轉《しょうじょうじゅふたいてん》というところ（處）が家にこそあるのかもしれません。そのとき、極楽が報土と化してわが家にやってくる。在宅ホスピス緩和ケアを施しているとそんな気がしてきます。だからこそ、〝なんとめでたいご臨終〟に学ぶ、笑顔で最期を迎える方法で、こころ安心。宗教の信心は安心の一語」と語る。

そんなことをいってくれる医師、いや僧侶が増えれば安心できる人は増えるだろう。

6

参拝ポイントカードや檀家出資で太陽光発電を成功させた住職の進取

北海道美唄市東明

浄土真宗本願寺派 常光寺
杉田英智 住職

PROFILE

1974(昭和49)年、北海道生まれ。九州龍谷短期大学仏教学科卒業。2010(平成22)年常光寺住職に就任。合同会社くうなんソーラー代表。

扉の写真/多くの太陽光パネルが並ぶ常光寺

北海道の中央部に位置する美唄《びばい》市は、人口約二万三千人。農地が広がり、初夏は特産のアスパラガスの出荷最盛期を迎える。

ＪＲ美唄駅から車で郊外へと走ること約二十分、道沿いに、樹々に包まれた参道がまっすぐのびるお寺がある。浄土真宗本願寺派常光寺だ。

お参りのたびにポイントが増えるカードを広める常光寺の杉田英智住職

お参りして豪華景品を！

常光寺の百軒余の門徒は近頃、お寺に足を運ぶたびに新たな楽しみがある。

一つは、お寺から全門徒に配布されたカードがあるからだ。杉田英智《えいち》住職が考案した、ポイントがたまる「常光寺スタンプカード」

である（以下、ポイントカードという）。上の写真はそのカードの裏面で、三十二個、ハンコが捺せるようになっている。表には、『蓮如上人御一代聞書』の一節《仏法は世間のひまを欠きてきくべし》とあり、こう記される。

《カードのご利用について

●お寺へ来ると捺印します。報恩講・お盆・お彼岸・墓参り・常例・奉仕（掃除・草刈り）等

●ハンコの数に応じて選べるプレゼントを贈呈します。プレゼントの詳細はお寺に問い合わせるか、HPをご覧ください。

＊お寺にお越しの際、カードをご提示下さい。＊カードを紛失した場合、ポイントは無効になります》

常光寺に来るたびにポイントがたまるカード

そう、お察しのとおり、お寺にお参りに来るたびに「ポイントがたまる」参拝カードなのだ。しかもポイント数に応じてお寺からプレゼントまでもらえるというからユニー

常光寺のポイントカードの景品一覧

枚数またはスタンプ数	景品
カード60枚	京都・本願寺参拝帰敬式受式ペア旅行（航空券・ホテル代付）
カード30枚	１泊２食付き温泉ペア宿泊券（定山渓ホテルなど）
カード6枚	念珠（北海道限定シラカバ念珠）
カード5枚	門徒式章
カード4枚	月刊『御堂さん』年間購読
カード2枚	書籍『13歳からの仏教　一番わかりやすい浄土真宗入門』『浄土真宗はじめの一歩』『生きかた死にかた　僧侶ドクターの人生カルテ』『はじめての親鸞さま』のいずれか１冊
カード1枚	御同朋バッチ、お墓参りセット、アナンダコーヒー100グラム、安穏マイバッグ、書籍『新・仏事のイロハ』、書籍『参拝お役立ち本　西本願寺』のいずれか１つ
スタンプ20個	本願寺絵はがき

ク。

プレゼントの一覧が上の表だ。頑張ってカード一枚、つまりお寺に三十二回行ったらバッチやお墓参りセット、「安穏マイバッグ」、仏事入門書など宗派関連グッズや書籍がもらえる。二枚（六十四回）集めたら、本願寺出版社発行の仏教書がもらえる。四枚（百二十八回）は大阪にある本願寺派津村別院の月刊誌『御堂さん』の年間購読。五枚（百六十回）は門徒式章、六枚（百九十二回）は北海道限定のシラカバ念珠、さらに三十枚（九百六十回）は道内の定山渓温泉のペア宿泊券。そして最高の六十枚（千九百二十回）はなんと、本山本願寺の参拝帰敬式受式ペア旅行券（航空券・ホテル代付）だ。

ポイントをためればためるほど、教えが身近になるプレゼントであることが分かる。ただ毎月一回、お寺にお参りするとしてもカード一枚ぶんのポイントをためるのは二年以上かかる……とくじけそうになるが、そうでもないらしい。

「お茶を飲みに来るだけでもハンコを捺しますし、家族が来たら人数ぶんのポイントがたまるんですよ」と杉田住職。

家族のためにポイントをためてもいいのだ。家族あるいは親類総出でお寺と縁をもちたくなるシステムといえる。

二〇一二年に始めて、門徒のなかには何枚も貯めている人もいるというから手ごたえは上々だ。

門徒出資約二千百万円の太陽光発電所

もう一つが、冒頭の写真でお気づきだろう。常光寺には、いくつもの巨大な太陽光パネルが境内全域に設置されている。

実は常光寺では二〇一三年七月より、お寺の収益事業として太陽光発電事業をスタートさせたのである。

常光寺ならではの広い境内地に設置された太陽光パネル

事業開始にあたって、杉田住職が出したプレスリリース「『常光寺太陽光発電所』設立について」にはこう説明されている。

《宗教法人常光寺（北海道美唄市、浄土真宗本願寺派　住職：杉田英智）は二〇一三年七月、常光寺境内地において出力四七・七〇kW（電力量年間約四万八八七三kWh）の太陽光発電システムを設置しました。電力会社申請許可後の七月末より北海道電力への売電を開始しますのでお知らせ致します。

本事業の総事業費は約二一〇〇万円で門

信徒からの出資金により調達しました。当寺では二〇〇六年の庫裡新築より四・二八kWの太陽光発電を設置、二〇一一年二月には電気自動車（日産リーフ）を導入、二〇一一年六月には太陽光パネル四・五九kWを増設し、いち早く環境問題に取り組んでまいりました。

太陽光発電システムは、札幌市株式会社アーク、パネルはカナディアンソーラーを採用し、この度の売電用四七・七〇kWと既に設置済み太陽光発電、寺院用八・八七kWと合わせると合計五六・五七kWとなります。

現在も進行している深刻な過疎化対策として始まったこの発電事業を通じて、門信徒の出資による地域エネルギー事業という新たな寺院経営の形を目指してまいります。また、太陽光発電による環境ビジネスの実現によって地域活性化に寄与するとともに再生可能エネルギーによって地球環境ならびに地域や人類社会に貢献してまいります》

杉田住職はこう話す。

「ご門徒さんに一口二十万円で出資を呼びかけました。借入期間は五年間。売電費から年利2%とともに返済しました」

　プレスリリースにもあるとおり、お寺では電気自動車も導入した。ふだんは杉田住職の奥さんの信歌さんが使っている。ガソリン代に比べると十分の一で済むそうで経費削減にもなるという。ちなみに、常光寺は電気自動車の充電サービスも受け付けている。

環境に配慮してお寺でも電気自動車を導入した

「門徒さんは無料で充電できます。ただ、今のところ、誰も電気自動車を持っていないのですが」と杉田住職は笑う。

　実に進取に富んだ住職だ。

　杉田住職が師父の英明師の後を継ぎ、同寺の住職に就任したのは二〇一〇年。お寺を継いで立て続けに新たな取り組みに着手したことになる。

　そこには時代の変化を門徒と共に乗り越えてきた北海道のお寺の姿がある。

炭鉱の町に開かれたお寺ゆえの危機

常光寺は一九一九（大正八）年に杉田住職の祖父、故・杉田英隆師が開いた説教所に始まる。英隆師自身は、お寺の生まれではなく福井県の農家の出身。小学生の時に両親と共に、新天地を求めて北海道へと渡ったのが始まりだ。息子である英明前住職はこう話す。

「父は子供時代に火傷をしましてね。それでこの子は農家ではなく、お坊さんにしようということになったのです。父の祖母の弟が青森でお西のお寺をしてらしたので、そのお寺に九歳の時に預けられ、そのまま父は僧侶の道に進んだのです」

北海道のお寺の留守を頼まれたりするうちに、縁を得たのが今の常光寺から四キロほど離れた炭鉱町、我路《がろ》地区だ。

明治、大正と日本全国から開拓民が移り住んだ北海道は、日本の近代化を支える重要な産炭地でもあった。なかでも美唄を含む空知《そらち》地域は国内最大の産炭地で、大正時代に三菱、三井の二大財閥が参入したことから大きく発展する。三菱鉱業は石炭を運ぶ美唄鉄道を開通させ、生産量はさらに上がった。

我路はその三菱美唄炭鉱の労働者の町だったのだ。往時の人口は三万人。活気ある炭鉱町に開かれた常光寺は、ぐんぐんと門徒を増やしていた。一九三〇（昭和五）年には本堂庫裡が完成。一九三四年には寺号の公称許可を得た。門徒は五百軒にも及び、法務員を雇う時期もあったという。

だが戦後、石炭から石油へのエネルギー転換で、石炭産業は陰りを見せ始める。

「私が結婚したのは一九六一年ですが、その二年後に三井の炭鉱が閉山しました。三菱はベルトコンベアを導入し、機械化をはかって七百八十人の人員整理を行った。夕暮れ時にお参りに行くと『うちの父さん、休んでばかりいるからクビになるんじゃないかしら……』と奥さんが心配する声を聞いたものです」

と英明前住職は振り返る。

別の炭鉱に配置転換される人もいれば、新たな職を求めて町を出る人もいた。町の人口は目に見えて減っていった、毎年、二ケタも地元門徒が出て行ったというからすさまじい。一九七二年にはついに三菱の炭鉱も閉山した。

さみしくなる一方の炭鉱町で一九七四年、常光寺の三人きょうだいの長男として生まれたのが現住職の英智師である。

「私が子供時代、すでに我路は限界集落のようになっていました」と杉田住職は振り返る。

お寺を取り巻く環境が激変するなか、常光寺はいかに活路を見出したのか。

寺報、日曜学校、そして市街地移転

二代目の英明師が力を入れた一つが、文書伝道だった。現在も続く寺報『常光寺だより』である（通常、A４判一枚で年三回発行）。この寺報の第一号は、一九六〇年三月。すでに炭鉱が陰りを見せていた頃だ。この年は親鸞聖人七百回大遠忌を明年に控えた年でもある。

英明前住職は振り返る。

「お寺を支える大きな力は門徒さんからの維持費です。外に出た人のほうが多くなった時、そのつながりを大事にしなければならない。仏教のこと、地元の変化、そうし

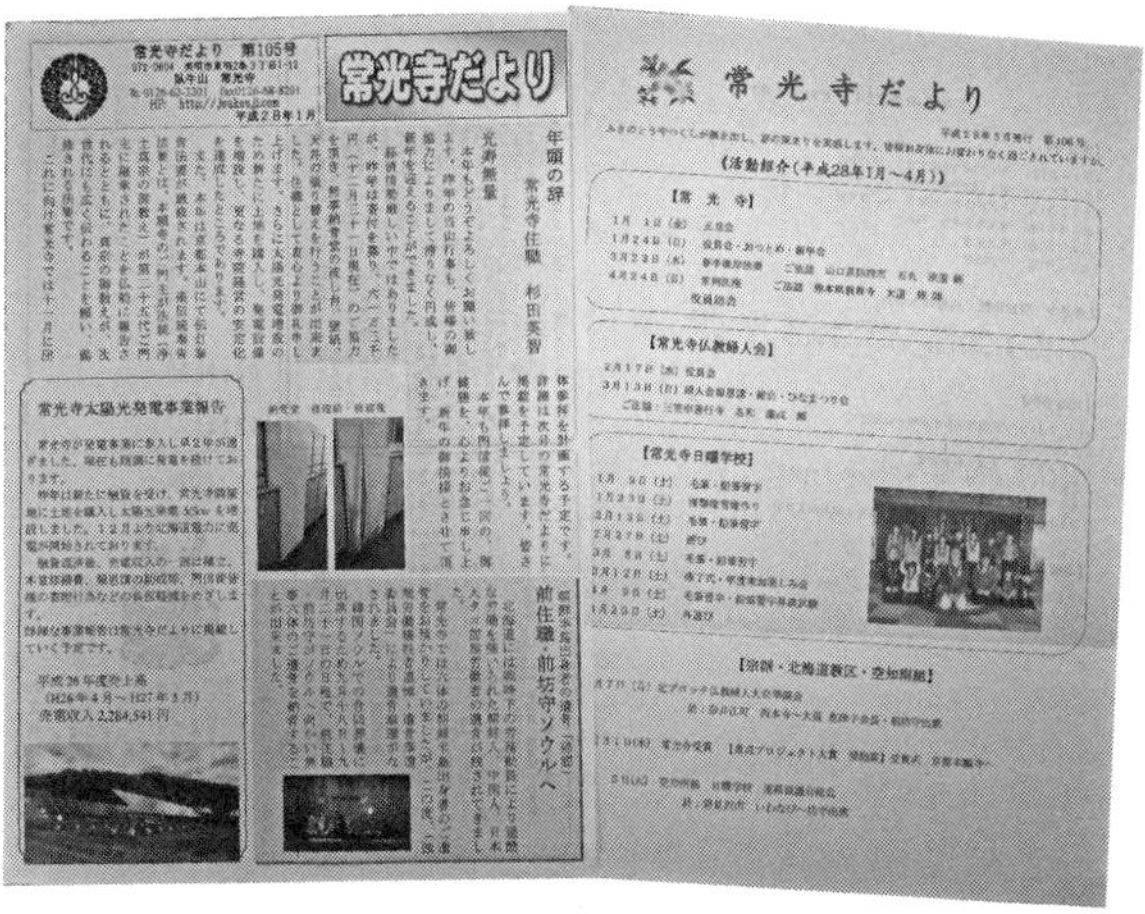

1960年から刊行されているの寺報『常光寺だより』は
美唄を離れた門信徒と常光寺とをつなぐ大切なツールだ

たお知らせを逐一、届けようと思ったのです」

第一号の寺報には「大遠忌を明春に控えて」「私達の宗旨　浄土真宗」「昨年の宗教界」「寺のあゆみ」など多岐にわたり、布教の熱意が伝わってくる。遠方に出た門徒宅に出向いて、月参りや法事も積極的につとめた。思いは伝わり、今も九州から法務を頼む人がいるほどだ。

もう一つが、日曜学校である。琉子前坊守が力を入れ、子供布教に励んだ。炭鉱町が衰退するにつれ、子供を祖父母に預けて出稼ぎに出る親たちもいた。お寺の日曜学校は、そんな子供たちの楽しい遊び場にもなった。現在も毎月二回、開かれている常光寺日曜学校は二〇〇三年、正力松太郎賞（公益財団法人全国青少年教化協議会主催）を受賞する。

しかし、町に人がいなくなれば、お寺だけ残されても仕方がない。お寺の将来を見越して動いたのが一九七二年の三菱炭鉱閉山当時、まだ健在だった開基の英隆住職だった。七三年、市街地に近い現在の境内地、一町五反の土地を購入。二年後、会館を建てた。英隆住職は一九八七年に九十五歳で遷化されたが、土地はお寺に寄付され一九八九年、常光寺はお寺ごと、ここに引っ越したのだ。

半世紀以上続く常光寺の日曜学校（正力松太郎賞受賞）

三代目住職の不安と活路への道

新たな常光寺の歴史が始まった。英明住職は、保護司を務め、盆踊りの復活など地縁を深め、布教の土台を支える。年中行事に加えて、婦人会や壮年会、さらに民族楽器のケーナサークルなども行い、お寺を支える人の輪は広がっていく。

さて、常光寺が現在地に移転した一九八九年、英智少年は十代の思春期。きょうだいは上に姉二人。いずれお寺を継がねばならないと分かってはいたが、反発もあった。当時、興味を持っていたのは車のレーサー。F1全盛期でもある。

高校卒業後、東京のレーサー養成学校、東京科学芸術専門学校に進学する。だが、やはりお寺のことも心配だったのだろう。中退して、本格的に僧侶の道へ。京都の中央仏教学院を経て、さらに九州龍谷短期大学で学んだ。得度して教師の資格を得たのもその頃だ。お寺に戻り、二十九歳の時に結婚。杉田住職は振り返る。

「お寺を手伝うようになってから、いろんな問題が分かってきた。とくに経済面です。美唄自体の人口が減っている。今は経済的に何とかやっていけるけれど、将来を考えると今後、どうなっていくのだろ

お寺の輪を広げる南米民族楽器ケーナのサークル

うという漠然とした不安がわいてきた。どのお寺でも同じでしょうが一つひとつの行事はなんとか頑張ってこなしているけれど年々、参加する人が減っているのです」

そうした漠然とした不安から、一歩進める転機が二〇〇六年の庫裡新築だった。すでに設計段階に入っていたが、英智師は新たなプランを提案したのだ。それが太陽光発電パネルを付けた庫裡だった。

「当時は地球温暖化問題もいわれ、私自身が環境問題に関心がありました。それで今後、太陽光発電は伸びていくだろうなという思いがあったのです」と振り返る。この時のパネル設置費は自腹で負担。二〇一〇年、三十五歳で住職に就いた。

だが課題は山積だった。人口減少の時代、自分はこれからお寺をどう支えるか。このままでは、門徒からの年間維持費一万四千円を値上げせざるを得ない。三十代半ばの青年住職の頭はめまぐるしく動いていた。

門徒に出資を呼びかけた全国初の事業

杉田住職は振り返る。

「門徒さんからの維持費を値上げすることなく、お寺をどう支えるか、総代さんがたと協議を重ねました。私自身が外に働きに出るのもあり得ますが、お寺の活動ができなくなったら本末転倒。お寺をやりながら、何か収入が得られる道はないかと模索していました」

幼稚園経営、駐車場経営、農業……道を探ったが、「過疎化」の壁にはね返された。そんななか、自然エネルギーに改めて目を向ける出来事が起きる。二〇一一年の東日本大震災と福島原発事故だった。翌年七月、国が新たにスタートさせたのが、「再生可能エネルギーの固定価格買取制度」だ。太陽光や風力などの再生可能エネルギーで発電した電気を、国が定める固定価格で一定の期間、電気事業者に調達を義務付けるというもの。

「固定価格買取制度が始まると知って、それならお寺でも、太陽光発電パネルを増やして事業化できるのではないかと思ったのです。一定収入が得られたら、お寺の運営基盤にもなる。何より、今の原発問題や電力不足にも微力ながら一石を投じ、化石燃料に頼らない、地産地消のエネルギー社会を実現させたいという思いもありました」

と杉田住職。

こうして二〇一二年六月、門信徒に配布されたのが「太陽光発電事業についてのお知らせとお願い」である。そこには趣意と共に《全国でも初めての檀信徒皆様の出資による地域エネルギー事業という、地域から日本を変えていく仕組みに一人でも多くの皆様にご参加、ご協力して頂きたく存じます》《私どもの心の拠り所として先祖代々お守りしてきて、また子孫長久にお守りしていくお手次寺でありますから、十分にこの事業をご理解いただき、門信徒一体となって、歴史に残る大事業を完成させていただきますように》という熱い呼びかけがある。

常光寺の掲示板には常に未来に向けたメッセージが…

青年住職が立ち上げた志に、門徒は応え

た。瞬く間に出資金が集まり、全国初のお寺と地域、いや日本全体を視野にいれた太陽光発電事業がスタートしたのだ。

常光寺の事業に宗派も注目。同派が推進する「御同朋の社会をめざす運動」（実践運動）において、二〇一六年三月、常光寺の事業は「実践活動奨励賞」を受賞した。

この太陽光発電事業が、寺院の将来を見越した大事業とすれば、時を同じくして始められた冒頭のポイントカードは、門信徒を育む実践ともいえるだろうか。ヒントは、同地の本願寺派寺院が報恩講の時期に行っているスタンプラリー。これを、一カ寺で導入できないかと考えた。

「地元に残っている方は三割。ほとんどが遠方か全国に散らばっている。年々、法座自体にも人数が集まらないという現状です。できるだけ、お寺に楽しみをもって来てほしいと思いました」

役員会に提案したところ「面白いね」と好反応。ただ意外にも、未だプレゼントをもらった人はいないという。

「皆さん、ポイントをためて旅行券なんかをもらおうと楽しみにしておられるみたいです」と杉田住職は微笑む。

さらに注目される寺院発の過疎地活性化策

二〇一六年四月、杉田住職は地元のお寺と協力し、新たな事業を立ち上げた。太陽光発電の自然エネルギー事業を推進する「合同会社くうなんソーラー」だ。対象は、お寺だ。事業内容は、全国各地に太陽光発電所を立ち上げる。全国の住職に社債を購入してもらい、売電費用を分配するというもの。将来的には地元のお寺に所有権を売却する。つまりお寺版太陽光発電所の全国普及だ。それは、常光寺と同じように寺院運営の危機に直面しているお寺の存続の道を開きたいという思いからだ。

その後も常光寺、くうなんソーラーともに設備を拡充し、目下、それぞれ五つの発電所が稼働中で、両法人で二千万円弱の収入になっている。さらにお寺には、電気自動車（ＥＶ）に貯めた電力を家庭で使える電気に変換する「ＥＶパワーステーション」を設置し、太陽光で発電した電気をＥＶに蓄電して寺院の電力として活用している。将来的にはすべてを再生可能エネルギーでまかなう予定という。

杉田住職はこう静かに話す。

「常光寺で発電所をスタートさせた時、あえてプレスリリースしたのは、うちと同じような境遇におかれている全国のお寺さんに、こんな道もあるよと知ってほしいという思いでした。過疎高齢化は止まらない。でもお念仏を伝える場は必要です。太陽光発電事業はかかる手間が少なく、お寺の財政基盤を強化することから寺院活動に専念できる。寺院運営に悩むことなく、親鸞聖人のみ教えを伝えていけるお寺が目標です。将来的には地域の雇用創出や人口増加につながる体制づくりを目指しています」

国のエネルギー転換で、門徒激減にさらされたお寺が、今度はお寺からエネルギー転換を試みようという壮大な取り組みだ。しかも、それを支えるのは、過去と未来をつなぐお寺を守ろうという門信徒の思いが熱源。持続可能な社会というのは本来そこから生まれるのではないか。常光寺を訪ねて、そう感じさせられた。

〔文／本誌・上野ちひろ〕

7

自然生態系の破壊を警告する住職の鳥類保護にかける寺檀興隆の成果

茨城県土浦市永国

真言宗豊山派 大聖寺
小林隆成 住職

PROFILE

1938(昭和13)年、長野県生まれ。長野県立須坂西高校卒業。財団法人厚生団を経て71年大聖寺寺務長に就任。72年真言宗豊山派雨引山で得度、修行。78年に大聖寺住職就任。本山特派布教師。権大僧正。山階鳥類研究所理事。日本鳥学会会員。愛鳥百人委員会委員。日本野鳥の会生涯会員。長年の鳥類保護活動によって2015年「みどりの日」自然環境功労者環境大臣表彰。環境づくりへの貢献が評価されて19年環境保全茨城県民会議議長より表彰。

扉の写真／オオヒシクイの木彫が目を引く大聖寺の賽銭箱

本堂を前にして目を見張った。扉の写真の賽銭箱だ。実に見事な水鳥の木彫が据えられている。

なんで賽銭箱に鳥なのか。そう思いながら本堂を見上げると繋虹梁《つなぎこうりょう》にも三十羽近くの鳥の彫刻がズラリ。境内を見回すと、手水舎《ちょうず》の虹梁に一羽、天蓋に三羽。参道の脇にも大きな鳥の石像が——。

茨城県土浦市にある真言宗豊山派大聖寺《だいしょうじ》を訪れた参詣者は、誰もがこの光景に目を奪われることだろう。

大聖寺賽銭箱の形は日本唯一

参道脇の石像には「オオヒシクイ実物大石像彫刻」の立て札が添えられている。

「地元有志と『稲敷雁の郷友の会』を結成して、三十年余りオオヒシクイの保護活動をやっていまして、二〇一八年までは会の顧問を務めていたんです」

こう話すのは同寺の小林隆成《りゅうじょう》住職だ。

オオヒシクイは雁の仲間ではもっとも大きく、羽を広げると百六十《チセン》もあり、国の天然記念物に指定されている。この渡り鳥が毎冬、茨城県稲敷市の北西、大聖寺から車で約三十分の霞ヶ浦南岸の稲波干拓地で観察されるようになったのは、一九八四年頃のことだった。当初は三十数羽ほどだったが、保護活動が実を結び、近年は百二十羽余りが観察されている。

で、境内のあちこちに配置されたオオヒシクイの彫像だが、単に参詣者の目を楽しませるために作られたのではない。いのちの尊さを問う、小林住職からのメッセージなのだ。というのも、オオヒシクイをはじめ多くの野鳥の生命が頻々と、人間の営みが原因で犠牲になっているからだ。その数は驚くなかれ、土浦市近辺だけでも約千五百羽。小林住職はこの事態を改善すべく苦闘している真っ最中なのだ。

その姿には、仏教者としての信念と檀信徒の懇望を受けて負債を抱えたお寺に入り見事に再建を果たしたバイタリティーが垣間見える。

百種以上の野鳥が境内に棲むようになったわけ

大聖寺はＪＲ常磐線の土浦駅から車で十分ほど。お寺の北側は住宅地、南側は田園風景が広がる。

山門を潜ると左手山の上に大師堂、四脚門の先には手水舎があり、右手に護摩堂、左手に鐘楼、寺務所があり、正面には間口十一間、入り母屋造りの本堂が建つ。脇に客殿、庫裡が続き、庫裡の裏手には墓地が整備されている。後述するように、この伽藍のほとんどは小林住職が一代で再興したものだ。

自然環境の保護に尽くす小林隆成住職

都心のベッドタウンとして開発が進む土浦市だが、約五㌶の同寺境内は緑が豊富で、あちこちから鳥のさえずりが聞こえる。実は、この木々も、野鳥との共生のために小林住職自らが植林した成果だ。
小林住職と野鳥とのかかわりの深さは、名刺に「山階《やましな》鳥類研究所理事」「日本鳥類保護連盟専門委員」「愛鳥百人委員会委員」「日本野鳥の会生涯会員」とあることから一目瞭然。主だった鳥類保護団体が網羅されているのだ。その縁で、二〇〇七年二月には山階鳥類研究所総裁の秋篠宮皇嗣殿下をオオヒシクイの観察にお招きしたこともある。

発端は少年時代に遡る。一九三八年、長野県須坂市のお寺に生まれた小林住職は、小学二年生の頃、国語の教科書に載っていた鳥の物語を読んで野鳥に興味を持ち、研究を始めた。中学生になると野鳥の論文が新聞に掲載され、高校時代には全国学芸コンクール最優秀賞も受賞した。

一九七八年に大聖寺の住職に就任した当時、境内は後述する霊園の造成で、樹齢数百年もの木々が伐採されてしまっていた。そこで、野鳥が集まれる環境を取り戻すため、檀信徒の協力を得て百種類を超す樹木を少しずつ植林していき、結果、いまでは百十種類もの野鳥が境内で確認されている。

見上げると手水舎の虹梁にも鳥の彫刻がいくつも

二〇一一年には日本鳥類保護連盟の「バードピア」に登録。野鳥など生物がすみやすい空間を増やし、生物多様性の確保に役立てる活動だ。檀信徒と一緒に始めた「大聖寺バードウォッチングクラブ」は寺檀のつながりを深めるのにも役立っている。長年の活動によって、二〇一五年には「みどりの日」自然環境功労者環境大臣表彰を受け、さらに二〇一九年には住みよい環境づくりに貢献したことにより環境保全茨城県民会議議長より表彰された。

本堂の繋虹梁にもオオヒシクイが飛んでいる

　そんな小林住職は、人間によって野鳥が犠牲になっている事態を、僧侶として見過ごすことなどできない。それにしても、身近で千五百羽の犠牲とは尋常ではないが、何が起きているのか。

全国で野鳥を護る署名活動を展開

小林住職が実例として示された写真は、ショッキングなものだった。首が、脚が、翼が網のようなものに絡め捕られ、無残な姿となった野鳥。「ハスの田んぼを覆う網のせいなのです」と小林住職は話す。
茨城県はレンコン栽培が盛んで、生産額は全国シェアの50%以上を占める。

稲葉干拓地を観察する秋篠宮皇嗣殿下（左より3人目）

「農家の方は鳥類がレンコンを食べるといって、ハス田の上に網をかぶせて鳥が入れないようにしてしまうのです」

田んぼの四隅に二㍍ほどの支柱を立てて、上面と側面をネットで覆う。収穫時には側面の網をめくり上げて機械を入れ、作業する仕組みになっている。

「作業が終わったらその都度、網を下ろしておいてもらえばいいんですが、網をめくったまま放置してしまうので、そこから渡り鳥が入る。レンコンじゃなくてプランクトンや水生昆虫、魚などを食べに来るんですが、作業のために人が近づくと鳥が舞い上がり、上を覆っている網に絡まってしまうんです。これは網の管理が悪いからなんですよ」

こうした防鳥ネットは、二〇〇四年秋に土浦市で国の補助金で敷設されたのが始まりだった。小林住職は話す。

「つまり税金を使って野鳥を犠牲にしているわけです。この問題と十年以上戦っていますが、なかなか善処しない」

網のせいで片羽を絡めとられて苦しむマガモ

行政やレンコン生産者に防鳥ネットの管理方法を改めるよう働きかけたが、二〇一七年十二月には、鷺《さぎ》の仲間で絶滅危惧種のサンカノゴイが土浦市内のハス田で死んでいるのが見つかった。その翌年の八月には、国の特別天然記念物のコウノトリが小美玉市内のハス田で犠牲になった。
小林住職は二〇一八年九月にも大井川和彦県知事と茨城県自然環境課に嘆願書を提出したが、行政は頑として動かない。

そこで、日本野鳥の会茨城県と公益財団法人日本野鳥の会とが協働して全国的な署名活動も展開した。小林住職も署名活動に力がこもったという。

「お寺だけでも二千二百人から署名をいただきました。法事の後には時間をいただいて署名をお願いし、御朱印を求めに来られた方にも、私が辻説法して署名に協力してもらったんです」

人間の罪滅ぼしとしての鳥獣供養祭

行政への働きかけと並行して取り組んでいるのが「鳥獣供養祭」である。文字どおりの供養とともに、人間のせいで犠牲になっていく命に思いを寄せてほしいことを、啓発する活動だともいう。

「お寺の住職こそが、やらなければならないこと」と小林住職の声に熱がこもる。

第一回目の鳥獣供養祭は、山階鳥類研究所や日本野鳥の会、日本鳥類保護連盟、動物園や獣医師、教育委員会などに働きかけて、二〇一二年二月に実現した。

百六十人を超す参列者からは灯明料が三十万円ほど寄せられた。小林住職はこの灯明料にポケットマネーを加え「鳥獣供養塔」を建立。第二回鳥獣供養祭は、その開眼法要として二〇一五年六月に檀信徒を集めて執り行われた。二〇一九年に執り行われた第三回供養祭では、防鳥ネットの犠牲となった前述のサンカノゴイとコウノトリを手厚く埋葬供養した。

小林住職の口調は引き締まる。

「生態系のなかでの捕食は罪ではありません。しかし、人間の勝手で犠牲になる鳥獣は無駄死です。ハス田で毎年、犠牲になる千五百羽は成仏していないでしょうし、救わなかったらこちらに罰が当たる。供養祭は人間活動で亡くなってしまった生物への罪滅ぼしなのです」

お寺こその鳥獣供養祭を通じて小林住職の訴えは続く

安定した職場を捨ててお寺に入ったわけ

もとより、こうした野鳥保護活動に力を入れられるのは、お寺の護持が順調だからこそだ。しかし、ここまでの道のりは決して平坦ではなかった。

小林住職はお寺で生まれたものの、僧侶になるとは夢にも思っていなかったという。

「学校を出てから色々苦労しましたが、厚生省の外郭団体の財団法人厚生団に採用されて、ようやく落ち着きました。社会福祉施設を運営する財団で、私の勤務先は東京の新宿にあった東京厚生年金会館。国有財産管理が仕事でした」

といっても、大聖寺と無縁だったわけではない。

「私の姉は、大聖寺の住職の妻でした。義兄になるその住職が五十六世で、五十四世と五十五世は義兄のご兄弟でした。お二人とも早世され、五十四世住職の奥様と二人の娘さんは、先立たれた後もお寺にお住まいでした。そのこともあって、五十六世住職は兼務する牛久市のお寺のほうに住んでおられた」

大聖寺の創建は九九五（長徳元）年に遡り、江戸時代には門末合わせて百六十カ寺を擁する本寺として栄えたが、一八六三（文久三）年に本堂はじめ伽藍のほとんどを焼失した。以後、百二十年余りも本堂がなく、往時の隆盛の面影は全く失われてしまった。しかも短年月で代替わりが続いたこの当時は、伽藍の傷みが目立ち、現在は護摩堂となっている仮本堂は、建物自体が傾いたままだった。

そんななか、一九六〇年代の末頃、五十六世住職は大聖寺に二千二百区画の霊園の造成を計画した。ところが、自己資金はなく、すべてを借金で賄うというもの。約千軒ある檀家から寄付を募るつもりだったのかもしれないが、銀行や建設会社に相談に行っても「やめたほうがいい」と相手にしてもらえなかったようだ。その段階で、小林青年は住職から相談を受けた。

「義兄からは『大手の建設会社と付き合いがあったら紹介してくれないか』と相談されました。『資金もないのに』と思ったんですが、話を聞きつけた財団出入りの建設会社が『やらせてほしい』というので引き合わせました」

国の土地建物を管理する仕事に就いていた小林青年の人脈に期待したのだろう。すると、幸い話はとんとん拍子に進んだ。

「私は一切手伝うつもりはなかったんですけど、義兄から『総代会で話し合うから来てほしい』といわれて、年休を取ってお寺まで行ったんです。そうしたら総代さんたちは『奥さんの弟さんが力になってくれるなら計画を進めよう』と盛り上がっちゃった。ここでも国有財産管理の仕事をしているのが気に入られたんですね。でも、肝心の資金調達の目途はまだついていなかった。伝手があって銀行を紹介してもらったんですが、義兄は体が弱い人だったので私が銀行に行くことになった。案外、スムーズに話がまとまって、二つの銀行から合わせて八千六百万円の融資を受けました。で、結局、バランスシートは私に任されてしまった」

いわば「なし崩し」に三十代初めでお寺の運営にかかわっていく。が、当時はまだ得度すらしていなかった。

「義兄からは『兼務している寺をお前にやるから、そこの住職をやりながら、この寺を後見してくれ』といわれましたが、そうこうするうちに義兄は亡くなった。それでお寺に入ることを決めたのです」

小林青年はすでに結婚し、幼い長女と生まれて間もない長男もいた。「順調にキャリアを重ねてきた安定した職場を働き盛りで辞めるなんて」と、職場からはずいぶん反対された。

苦境を乗り越えて小林住職が一代で整備した自然豊かな大聖寺の全景

それに、亡き住職は霊園こそ完成させたが販売はこれからで、八千六百万円の借金だけがお寺に残っている。しかも銀行への担保は、お寺の所有地に加えて、四人の総代が所有する土地も充てられていたというから引くに引けなかった。

「だからこそ、私がお寺に入るしかなかった。自分がやる以外にお寺を守れない状況ですし、霊園事業にかかわっていた責任もあります」

もちろん総代たちも小林青年の実務能力にすがった。

総代の信任を得て寺務長として苦境を切り抜ける

こうして亡き住職のいとこで取手市のお寺の住職に「名義だけでいいから」と頼み、兼務ながら大聖寺五十七世に就いてもらった。一九七一年、小林青年は同寺の寺務長に就任し、取手市に住まいを借りてお寺に通い、さっそく寺務の改革に着手した。

「それまで五十四世住職の奥様がお寺に来られた檀信徒に対応していたんですが、たとえば、檀家さんが塔婆代を納めたお釣りを、こたつ板の下からお金を出してお返しするような状況でした」

そして何より墓地の分譲だ。東京の茨城県人会の名簿を当たって、片っ端からセールスを行った。何しろ、銀行への月々の返済額が二百万円だったという。単純には言えないが、当寺の消費者物価指数は現在の約三分の一だから、いまの感覚だと月六百万円にもなろうか。綱渡りのようだが、霊園がテレビ局の取材を受けて番組やニュースに乗ったこともあり、少しずつ営業努力が実を結んでいった。

前途にわずかながら光明が差した頃、桜川市の楽法寺で得度した。同寺の住職で後に真言宗豊山派管長も務めた川田聖見猊下には「ずいぶんかわいがっていただきました」と振り返る。教師資格を得て、大聖寺の寺務長職を続けた。

「その頃、夜中にオートバイが何台も大きな音を立てて霊園の中を走り回るようになったんです。近所からも苦情が来て、総代さんも『お寺に住職がいないのは困る』と訴えるし、五十四世住職の奥様も物騒で怖いとおっしゃる」

どうするか総代会で話し合ったが、当時の住職は「取手のお寺があるので大聖寺には住めない」という。そこで、小林寺務長が副住職に就任して、お寺に住むこととなった。

「間もなく、総代さんから『小林寺務長に住職になってほしい』という声が上がって、法類にも認めてもらい、一九七八年に住職となったんですよ」

お寺の苦境を切り抜けた小林寺務長は、檀信徒の深い信頼を集めていたのだ。

焼失から120年ぶりに再建された大聖寺本堂

本堂再建とミニ霊場と永代合祀納骨堂と

住職就任に際して、長らく失われたままだった本堂の再建を宣言した。

「百四十人もの方々に本堂建設委員をお引き受けいただいて、三億一千万円の資金が集まりました。施工業者は自分で選びましたが、左官屋さん、電気屋さん、畳屋さんはじめ、ほとんどは檀家さんです。本堂再建は檀家さんからの浄財のおかげですから、できるだけ檀家さんに還元したかった」

間口十一間、奥行十間の入り母屋造り、四面に回廊、地下には「胎内巡り」も設けた本堂が完成したのは、一九八五年五月のこと。以降、客殿、護摩堂、大師堂、手水舎などを少しずつ整備していった。同時進行で、檀信徒の協力を得ながら境内に木々を植林する緑化事業を手掛けてきたのは前述のとおりだ。小林住職の環境保全の志は、寺檀の結びつきを一層、強めることにもつながっていった。

小林住職は、お寺を盛り上げる試みも始めた。境内に開設した「新四国八十八箇所ミニ霊場」である。四国霊場の千分の一、全長千五百メートルのミニ霊場で、境内各所に四国八十八箇所霊場から分請された土砂が鎮められた札所が置かれており、子供やお年寄りでも一時間程度でお参りできる。

「『一生に一度は』と四国八十八箇所遍路を念願する人は大勢いらっしゃるでしょう

が、なかなか実現できないのが現実ですから」と小林住職は話す。

体力や足腰に不安のある人でも巡拝できるようにとの思いからだった。取りかかったのは晋山した翌年の一九七九年。境内をグルっと回るコース上に、四国霊場の各札

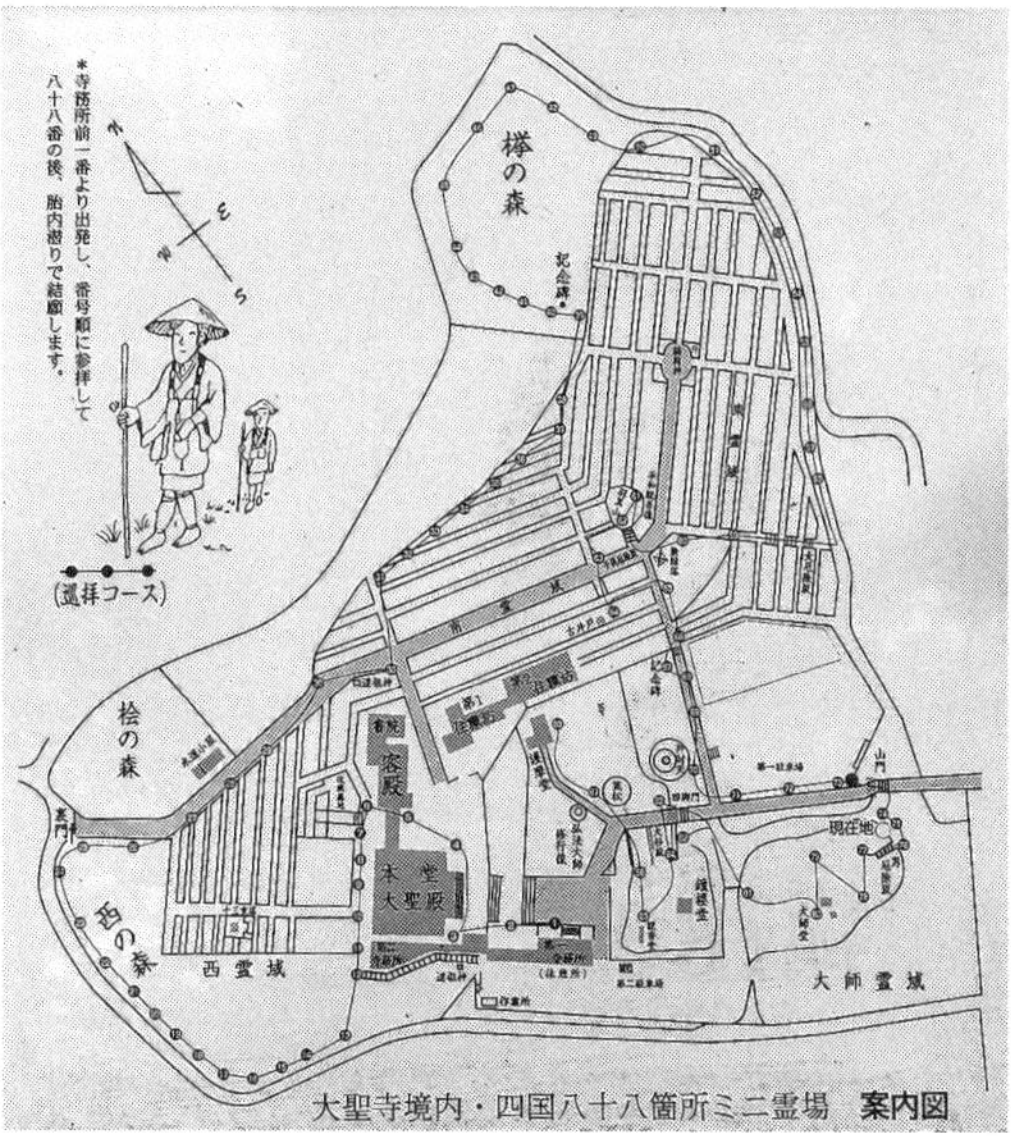

境内地をぐるりと巡る人気の「四国八十八箇所ミニ霊場」

所の本尊と同じ石の本尊を造立し、一尊ごとに四国札所の寺院名・宗派・所在地・御詠歌を記入した説明板を立てた八十九カ所（三十番札所が二つあるため）の札所が完成したのは一九八九年というから、十年も要した大変な事業だ。

だが、その甲斐あって、自然豊かな境内を巡るミニ霊場は注目を集め、参詣者の増加にもつながっている。実に三百回も巡拝した人がいるとい

うほど、リピーターも多い。時世や社会の要請に応える取り組みは、霊園でも進めた。永代合祀の納骨堂「涅槃廟」だ。

「後継ぎがない方や、子供に負担をかけたくないという方に向けた永代供養墓が必要」と考えていたところ、檀家から進んで寄付の申し出があり、二〇一三年に建立に至った。

将来を見据えた永代合祀納骨堂「涅槃廟」の利用者は多い

お釈迦様の涅槃像の下に骨壺を納めるスペースを設けた納骨堂で、十三回忌まで骨壺で保管する場合の納骨料は二十五万円、三十三回忌までなら四十五万円で、その他の維持管理費などは不要とした。すでに多数の人が利用している。

また、動物との共存を訴える小林住職らしく、「犬や猫、鳥だって、どれだけ人間の癒しになっていることか。ペットと一緒にお墓に入ることを望む声が増えていますし、うちでもそうした希望に添えるお墓を用意しました」と、亡きペットと共に入れる墓域も設けた。

本堂の再建も緑豊かな境内も、そして新たな取り組みも、小林住職の果断な実行力に加えて、檀信徒が小林住職に寄せる信頼によるものであろう。

二〇一八年十一月には整備のなった大聖寺で「平成総合落慶式」が行われた。参列者の居並ぶ境内には「大聖寺環境モニュメント記念碑」が建立され、三十八羽のオオヒシクイの彫像が見守るなか、環境保持と稲波干拓地のオオヒシクイの繁栄を祈る法要も執り行われた。

「ただ正直なところ、この数多の彫刻が、やがては〝モニュメント〟転じて〝メモリアル〟になってしまわないかと懸念もしていたんです。ところが、祈りの甲斐あってか、その翌年末には百八十九羽が観察されました。例年を50%も上回る新記録になったんですよ。『稲敷雁の郷友の会』をはじめ、野鳥や自然を愛する人々の努力が実を結んでいます」

こう熱く語る小林住職の眼差しは、時に厳しくも深く優しい。小さな生命を慈しむ営みこそが、深い信頼を集めるゆえんに違いない。

〈文／本誌・和田博文〉

8

地域も忘れた古刹に信じられない数の人々が参詣を始めたのはなぜか

群馬県甘楽郡甘楽町

曹洞宗 宝積寺

西有孝裕 住職

PROFILE

1959(昭和34)年、群馬県生まれ。駒澤大学仏教学部卒業。曹洞宗大本山永平寺で修行。86年、群馬県甘楽町の曹洞宗宝積寺住職に就任。94年に「かんのんボランティア会」を設立してカンボジアに小学校を建設。「小幡七福神会」結成。しだれ桜をはじめ境内に桜を丹精し、「ぐんま花の駅」「東国花の寺100ヶ寺札所」として寺門興隆に励む。現在、東国花の寺群馬事務局長、甘楽町観光協会理事他。

扉の写真／2018年５月の宝積寺本堂改修落慶法要にて

上州の山々が一斉に春を迎える四月、日頃は静かな群馬県甘楽《かんら》郡甘楽町轟《とどろく》の山村集落はにわかに活気づく。この季節、毎年、県内外から何千人もの参詣者が訪れるからだ。目当ては、山腹に建つ曹洞宗宝積寺《ほうしゃくじ》の樹齢約百五十年に及ぶ見事なしだれ桜と、全山を桃色に染める約二百本の桜だ。麓からの山道をマイカーや、観光バスが絶え間なく連なり、急な石段を登った先に現れる絶景に大きな歓声が上がる。

関東一都六県の約百カ寺が集まり、花霊場こと「東国花の寺」が立ち上げられたのは二〇〇一年のことだ。「宗派や宗旨の隔てなく、仏さまの教えをもとにして、物質社会の現代に生きる人々が、心に『花』を咲かせてほしい」という願いを込めて発足した会だが、百霊場のうち九十番目ぐらいに選ばれたのが、ここ宝積寺だったという。

今や桜の季節にとどまらず参詣者はぐんぐん伸び、年間二万人を上回る。多くの参詣者を迎えるための駐車場も造成され、立派なトイレもある。何よりも二〇一七年夏、宝積寺では準備段階含め、足掛け十年かけて築二百二十五年の間口十四間、奥行き九間の大本堂の改修工事を無事に終えた。総工費二億数千万円にものぼったが、それを成し遂げたのは、約三百五十軒の檀家の力、それに、様々な縁からの参詣者の力添えも大きかったという。なんと、一枚千円で広く銅板志納を募ったところ、四千人もが応じてくれたのだ。近年は宝積寺をPRする、イメージキャラクター「たからくん」（左頁の写真）まで作る盛況ぶり。

だが、つい三十年ほど前はまったく違ったと西有孝裕《にしありこうゆう》住職は話す。

「宝積寺は地元、小幡藩主の菩提寺でした。ここで生まれた私は、宝積寺といえばそれなりに知名度があると思っていました。ところが、私がお寺を継いだ当時は近隣地域の人ですら『宝積寺？　どこにあるの』と言うくらいだったのです」

忘れられかけた名刹を住職就任以来、試行錯誤しつつ拓いた三十年こそ、次代にお寺をつなぐ「平成の宝積寺」だというのである。

お菊さま伝説でも知られた名刹なのに…

甘楽町は世界遺産の富岡製糸場で知られる富岡市に隣接する人口約一万三千人の町だ。かつては養蚕が盛んだったが、近年はキウイフルーツなどが特産。町内の小幡は城下町の風情を残し、群馬県下唯一の大名庭園で国指定名勝「楽山園」は江戸時代初

宝積寺のイメージキャラクター・たからくん

期に小幡藩主となった織田家が築造したことで知られる観光名所だ。その小幡藩主の菩提寺が宝積寺である。

少し歴史を辿ろう。

道元禅師（一二〇〇〜一二五三）が開いた曹洞宗が、上野国に伝わり、本格的に寺院が創建されるようになったのは十五世紀になってからのことという。

もとは天台宗寺院として栄えていた宝積寺もそうした流れのなかで一四五〇年、領主の小幡実高《さねたか》候が中興開基となり、瑩山禅師の法系をくむ即庵宗覚《そくあんそうかく》禅師を迎え

何事にも挑戦たゆまぬ宝積寺の西有孝裕住職

て曹洞宗寺院となった。

こうして小幡氏の保護のもと宝積寺の教線が拡大。末寺四十六カ寺、門葉百二十余カ寺を擁する県南最大の勢力となる。小幡氏が滅んだ後も、織田信長の孫である織田信良公が小幡藩を相続。宝積寺を菩提寺と定め、江戸幕府将軍よりの朱印三十石に加え、黒印十二石を寄進。安定した大寺として栄えた。

戦前頃までは修行道場としても盛んで大本山永平寺、大本山總持寺にも多くの禅師が昇任している。

現在、平地部分だけでもざっと約二千坪の境内には本堂、書院、開山堂、庫裡などの諸堂があり、史跡や伝承も多く残される。とりわけ、昔から庶民に親しまれたのが「番町皿屋敷」の源流とも言われる「お菊さま」伝説だ。様々なパターンがあるが、国峰城主小幡信貞公は美しく聡明な腰元のお菊さんを寵愛。これが奥方の嫉妬をかい、お菊さんを無実の罪に陥れ、宝積寺奥山の池で蛇責めの刑に処したという話。悲運のお菊さんの追善供養を担ったのが宝積寺だった。

二〇〇一年に同寺が刊行した『鷲翎山《じゅれいざん》宝積寺史』によると、明治期の寺院調査帳では本堂、衆寮、境内二千百六十九坪、それに境外地として耕地や林を含めて約十町歩。太平洋戦争中は、地元の人と集団疎開も受け入れた。だが戦後の宝積寺は、農地解放で経済的に窮する。西有住職の話。

「祖父の時代はかなり大変だったようで、いつもボロボロの衣を着ていたそうです。愛知出身の祖父は布教師でもあり、よく故郷に『正法眼蔵』の講話に行っていましたが、実家が気遣ってくれたのでしょう。愛知から帰ってくると衣がきれいになっていたと後で聞きました」

祖父の静観住職が遷化されたのが一九五七年。跡を継いだのが、父親の静裕住職だ。妻のみや子さんとの間に一九五九年、長男として生まれたのが西有住職である。弟が一人。

やればできるんだと教えられて

小学校の臨時教員も務めた静裕住職はお人好しでひょうきんな人だったという。

「子供たちがいると、よく変な顔をして笑わせていました」と西有住職は懐かしむ。

静裕住職は、庫裡の改築、さらに本堂の屋根を銅板に改修するなど境内整備に励んだ。だが、これからという時に病で急逝。四十六歳の若さだった。孝裕少年が十四歳の時だ。

「子供の頃は『坊主』とからかわれるのがイヤで、お寺は弟に任せて自分は出るつもりでした。漠然と料理人になりたいという思いがあった。でも、父親が亡くなり、自分が継ぐしかないという思いになりました」

お寺は後継が決まるまで、地元の住職が兼務してくれることになった。

中学卒業後、東京の駒澤高校へ進学。親戚宅に居候し、土日になるとお寺に戻り、法事を勤めた。駒澤大学仏教学部卒業後は大本山永平寺へ上山。修行時代は、大きな糧になった。

「子供の頃は、誰か来たら物陰に隠れるような子。人前でしゃべるのが大嫌いでした。ところが、本山に行って最初に配属されたのが接茶寮というお客さん対応の部署。先輩が九十人もの女子大生を前に、堂々と話されるのを見て『とても俺にはできねえ』と真っ赤になって俯いていた。でも一カ月もすると、何百人の前で話している自分がいた。やればできるんだなと思いました」

永平寺で三年間、修行した。「宝積寺を継ぐには、それくらいの年数は必要だと思った」と振り返る。下山後、宝積寺まで徒歩で帰った。約四百五十キロの道のり。手にした錫杖は地面につくたびにシャン、シャンと音がした。その音に、勇気づけられた。

地域を托鉢して分かったこと

お寺に戻った孝裕青年、二十七歳で晋山する。だが帰坊直後は、何をやっていいのか全く分からなくなったという。

「修行時代は一分一秒も無駄にしない生活でした。ところが帰ってくると、自分でやらない限りは誰に言われるわけでもない。朝四時に起きて本山と同じようにお勤めをしていたけれど、気が抜けてしまった。そんな時です。友人が托鉢をして歩いていると聞いたのです」

ハッとした。その話に、いてもたってもいられなくなった。翌日から托鉢衣を着て、町へ飛び出したという。

当時の甘楽町は三千五百戸ほど。以後、時間を見つけては山から下りて、家々を回った。町の人の反応は様々だった。

「今となっては笑い話ですが、地元の人も托鉢に慣れていなかったので『突然、和尚さんが来て何が何だか分からなくって、家内と二人で家のいちばん奥の部屋に隠れて、早く行ってくれねえかな、とじっとしていたよ』と後で聞きました」

歩くうちに、見えてきたことがある。

一つは、前述したとおり、思いのほか、お寺の名前が知られていなかったこと。もう一つは、同じ甘楽町でも地域ごとに特色があることだ。ある地域では子供も元気よく挨拶するけれど、別の新興住宅地では反応が薄かった。集落のほとんどが神葬祭のところを回った時のことだ。

「百戸くらいの集落でしたが、どの家も『どこのおっしゃんだい？　まあお茶でも飲んでいきない』と声をかけてくださった。お昼になると『まあ飯でも食ってけ、何もないけど上がれや』と多くの人が温かくもてなしてくれたのです。結局、一年かけて町を回ったのですが、いろんな人とふれあうことで、自分自身が癒されていくような経験でした」

地域から力を得るように、西有住職は寺報の発行、夏休みの子供向けの坐禅会と次々に新たな行事を始めた。保護司も引き受けた。

だが、お寺をこれからどうすればいいのか。西有住職が注目したのは、昔から広く親しまれた「お菊さま」伝説だった。

ボランティア会を立ち上げカンボジアの子供たちを支援

一九九一年、宝積寺は「菊女の供養と、境内の一層の荘厳、心の拠り所」として、身丈三・六メートルに及ぶ菊女観世音菩薩の建立を発願。さすがお菊さま伝説は有名だ。宝積寺の呼びかけに、二千人以上の寄付や写経祈願があり、九三年に開眼法要。

注目は、仏像の建立にとどまらず、観音菩薩の慈悲の精神を広めるべく、お寺でボランティア会を立ち上げ、現代的な布教に着手したことだ。実践のきっかけは九四年、曹洞宗群馬県宗務所布教部主催の講演会で講師として招かれた曹洞宗僧侶の無着成恭《むちゃくせいきょう》師だという。当時、シャンティ国際ボランティア会（ＳＶＡ）の千葉支部長を務めていた無着師は、カンボジアの教育支援を呼びかけた。それを聞いた西有住職は、

「お話を聞いて身体が震えた。これだ、これをやらなくちゃ！　と思ったのです。すぐに総代さんに相談し、お寺でボランティア会を立ち上げました」

　現在も続く、「かんのんボランティア会」だ。発足二カ月後に起きた阪神淡路大震災では「私たちのできることをやろう」を合言葉に、西有住職はお寺の寺子屋、写経会のメンバーと共に義援托鉢を始めた。やがて「カンボジアの子供たちへ小学校を贈る運動」「地域におけるボランティアの啓蒙運動」に支援活動の主眼を置き、本格的に動き出す。

「何がなんでも小学校を建てようという思いでいたので、どこに行ってもその話をしていました」と微笑む西有住職。当時、一校建てるのに必要な額は二百五十万円だったというが、二年間で集まった。

　ＳＶＡを通じて、カンボジアの村に小学校を建設。建物面積三百六十平方メートル、一棟五教室平屋建てだ。その後も学校建設や絵本を贈る活動も支援。支援の成果や交流内

容は写真展や講演会などを企画して地域と共有した。一口千円からの会員は増え、多い時には千三百人へ会報を発送していたという。

だが、それだけではなかった。

観光協会も注目した七福神から花の寺へと

「かんのんボランティア会」と時を同じくして、西有住職の呼びかけで町内六カ寺と共に新たに立ち上げたのが「小幡七福神会」だ。きっかけは西有住職が、県内の桐生市で人気を集めている「桐生七福神」に注目したこと。いいと思ったことは、即、実践に移すのがどうやら西有住職のモットーのようだ。「とにかく、やってみなければ何も動かない」と笑う。

地元の旧小幡地区の各宗派の寺院に声をかけたところ、みんな乗り気になった。七福神の振り分けは、仏像や寺名にもよるが、なかには「住職が釣り好きだから恵比寿」などのお寺も。とにかく普及が命と、パンフレットにもこだわり、町の各所に置いてもらった。さらに各住職の手作りの道路標識四十五件も設置するなど力を入れた。

やりっぱなしに終わらず、各寺にはアンケート帳を置き、参拝者の声もいかすようにした。地元のお寺の活発な動きにマスコミも町の観光協会も注目。今日ではすっかり定着した。

こうして、様々な活動から「宝積寺」の名前が県内外に知られていく。動くお寺は人の目にとまるものだ。

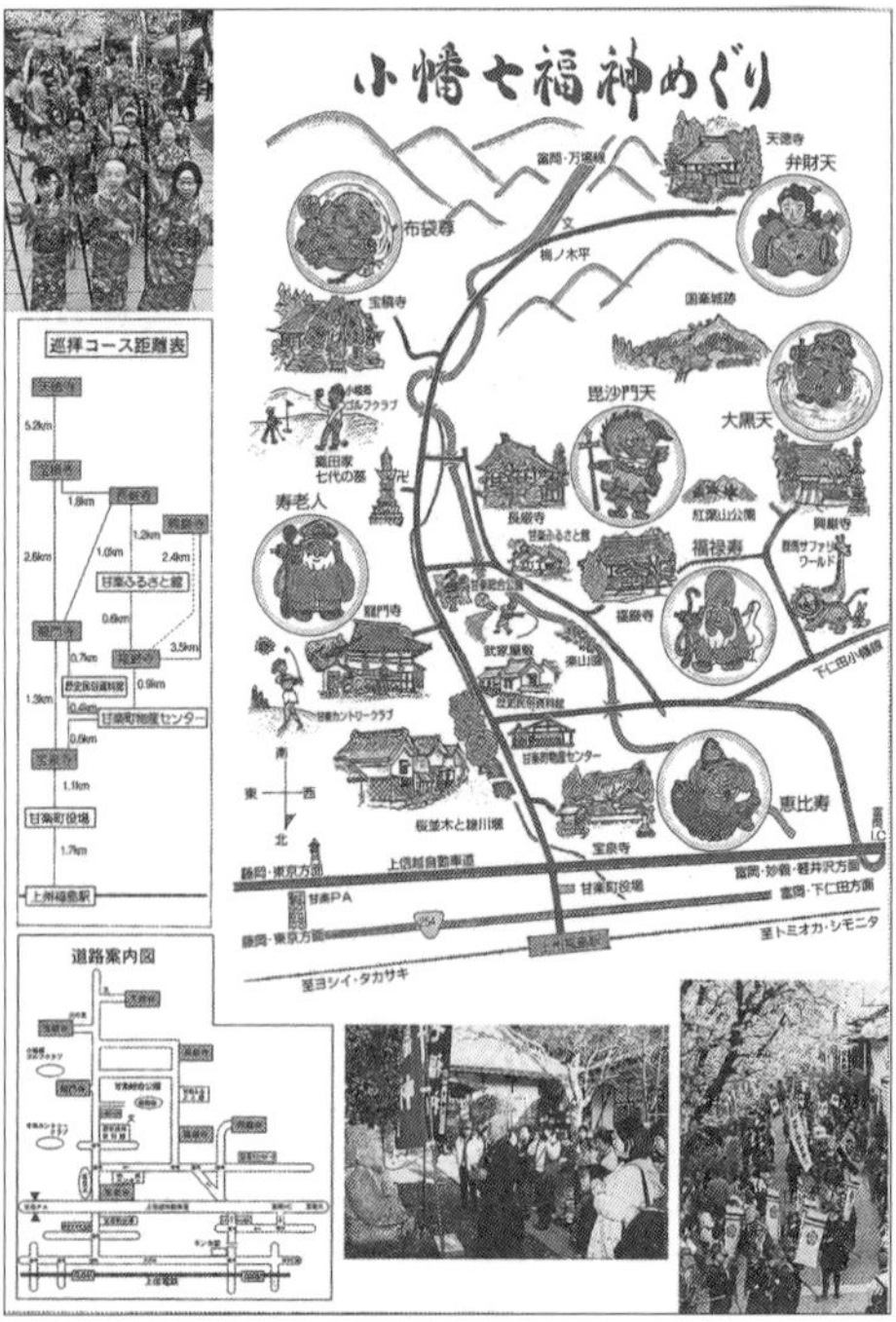

地域のお寺と始めた七福神めぐりも隆盛。見やすいパンフレットも好評

九九年には、淑徳大学国際コミュニケーション学部長だった宇佐美正利氏が音頭をとって、友人の教授や学生たちと共に、宝積寺の廊下でホコリをかぶっていたおびただしい古文書の整理を申し出てくれたのだ。

同年には、前述のお菊さまの観音像から新上州観音霊場にも選定された。子宝の御利益があると宝積寺の観音像はさらに信仰を集めていく。

この頃、結婚したのが一回り下の千鶴さんだ。娘と息子を授かる。その千鶴さんに言われた。「こんなに立派な桜があるのに、なんで生かさないの？」と。

檀信徒がやる気になったのはなぜか

西有住職は振り返る。

「子供の頃からあるしだれ桜。それまでも開花の時期は地元の人が花見にきていたけれど、たいしたことないなと思っていた。それで『こんなの、価値ないでしょ』と言うと、妻に『バカ言うんじゃないわよ。近在でこんなに立派な桜はないわ。ぜったいにたくさんの人が見に来てくれるわよ』と言われたのです」

時機は重なるものか。前後して、町の名木十選に宝積寺のしだれ桜と大イチョウが選ばれたのだ。それも縁に、冒頭の「東国花の寺」にも声をかけられたわけである。

それもこれも、それまでの宝積寺の活動の成果といえよう。

「花の寺」として、とりあえず投光器でライトアップを始めた。地元の老人会も焼きもちなどを準備。すると、口コミで年々お参りの人が増える。いや、あっという間に、参詣者が倍増し、数年後には開花のシーズンには四万人も。

お寺から麓まで四キロの渋滞となり、トイレも足りず、役員総出で立ち働いた。疲れはしたが、これまでにない参詣者の数が、皆のやる気につながっていく。

「これほど花が魅力になるのかと気づかされると同時に、『花の寺』といっても、当時あったのはしだれ桜一本。こんなので花の寺なんて言えるのかとも思った。お寺の役員たちが集まって『じゃあ、もっと花を植えよう！』となったのです」

檀信徒や地域の人、それにボランティアの人たちと共に、毎年のように桜やアジサイを植えていったのだ。現在、桜は約二百本、アジサイ千五百株、自生も含めて紅葉約三百本が四季折々の境内を彩る。二〇一六年には群馬県内の花の名所が連携して花の魅力を発信、花観光を推進する「ぐんま花の駅」にも参加した。

お寺が活気づくと、アイデアも広がる。今度は総代が声をかけ、八月の盂蘭盆会の時に境内で万燈会も企画。竹灯籠約二千本、行灯二百灯、ガラス灯籠五百灯、プラスチック灯籠千五百灯と壮観だ。火を入れるだけでも大変だが、それを楽しみに夏の宵も山寺が賑やかになった。

お寺の中だけでなく、二〇〇五年教区護持会書記時代に、教区内寺院に呼びかけて、禅にちなむ講演会「微笑会」もスタートしている。今では毎回、五百名近くが集まるという。

たった1本のしだれ桜から始まった「花の寺」作り

ここで紹介したのは、ごく一部だが、こうして春夏秋冬、お寺に人が集まるようになり、檀家も少しずつ増えていった。そして、お寺を思う人たちの心に、西有住職もまた支えられていくのだ。

お寺は大変な時代だからこそ面白い

最大のプレッシャーは、冒頭の本堂改修事業だった。先代住職の時に屋根の葺き替えを行ったものの、湿気の多い土地柄のせいで屋根裏の梁がシロアリなどに食い荒らされていた。すったもんだの話し合いの末、最終的には改修工事に決まったが総工費は二億数千万円にのぼる。

疲労もたまっていたのだろう。西有住職は狭心症と蓄膿症とぜんそくを患う。

「いくらかうつ病にもなり、心療内科にもかかりました。でも、病院に行っても治るものでもない。だから毎晩、お寺で月に向かって吠えていたんです。夜だから、大声を出したつもりになって『負けるかあーっ』と」。そう打ち明ける。

でも、懸命に励んできた和尚さんの背中を皆見ていたのだろう。莫大な費用に暗雲も漂ったが、改修工事の説明会で、一人のおばあさんがこう話したのだ。

「十円からでも出して立派な本堂を作ろうよ」と。別の檀家もこう言った。

「方丈さん、お寺がきれいになるんだから、楽しんでやりましょうよ」

その言葉に肩の力が抜けた。本堂改修工事は無事に動き出した。花見の季節は、お寺の役員が境内で懸命に説明し、参詣者も瓦懇志に応じてくれた。

寺檀一体で行う無数の灯りが夏の宵を照らす万燈会も大人気

「本当に、檀家さんはありがたい」と西有住職。

改修工事を記念して、二〇一六年にはかつての末寺四十六カ寺と共に寺宝展も開催した。上州に広がる曹洞宗の歴史に、マスコミも驚き、こぞって取り上げた。

さて現在、お寺の改修工事も終わり、西有住職は新たな挑戦を始めようとしている。それが冒頭のお寺のイメージキャラクター「たからくん」だ。

実は、きっかけは、和歌山県高野山の総本山金剛峯寺の参拝だったという。

「札所に加わるうちに、真言宗のお寺さんとも交流が生まれた。それで初めて高野山に行ったのです。あまりの山の中に驚いた。でもその山上に三千人もが住んでいて、年間百八十万人近くが訪れるという。これは弘法大師のお力もすごいけれど、やはり今いるお坊さんたちが相当頑張っておられるんだなと思ったのです。高野山に比べたら宝積寺は全然、都会じゃないか。頑張れば大丈夫だと勇気を与えられたんですよ」

で、そこで西有住職が見染めたのが、高野山のキャラクター「こうやくん」。「素晴らしいと思った」という西有住職。すぐに自坊でも作ってみようと生まれたのが「たからくん」と、お菊さまをモデルにした「おきくちゃん」だった。今後はキャラクターをどんどん売り込んでいこうと考えている。

地域活動にも力を入れる。ここ最近は甘楽町立小幡小学校ＰＴＡ会長を務め、任期中には地域を知るための「親子探検」や、県では初の開催となる保護者対象の「現代ゲームの超初級講座」にもチャレンジ。さらには担当教諭と児童のみで行っていた「挨拶運動」を更生保護女性会、評議員、ＰＴＡ会員有志にも広げるなど地域全体で声を掛け合う環境を育む。

二〇二〇年八月には境内に宝積寺仏教寺院創建七百四十年・曹洞宗開創五百七十年

大遠忌記念のタイムカプセルも封印安置予定。未来にお寺がつながっていく。

後継ぎの期待のかかる子息は小学生。あと二十年は頑張らなくてはとも思う西有住職だが、穏やかにこう話された。

「この地も過疎化が進んでいます。次の代には、檀家さんに負担にならないようなお寺作りをしていかなければいけない。その基盤を作るのがこれからの二十年でしょう。でも三つの霊場に参加して、学ばせてもらったことは大きい。東国花の寺で中心となっていた真言宗の住職さんの手は、毎日の土いじりで真っ黒でした。こんなお坊さんがいるんだ、こんなお寺の活動があるのだと教えていただいた。多くの人と連携することで、可能性も広がるし、動けば課題も見え、また乗り越えていこうとなる。お寺は大変な時代だと言われるけれど、かえって面白いと私は思っています」

フットワークもよく、外からの刺激を生かし、檀信徒それに地域と共にお寺を盛り立てる西有住職。菩提心さえ持って踏み出す限り、いつの時代も人は確かに応じてくれるとも気づかされる。常に前向きな住職と、進化しつづけるお寺に、多くの期待が集まっている。

〔文／本誌・上野ちひろ〕

9

境内に老人ホームまで建てた医僧住職に学ぶ看取りのあるべき姿

栃木県鹿沼市石橋町

真言宗智山派 薬王寺
倉松俊弘 住職

PROFILE

1956(昭和31)年、栃木県生まれ。北里大学医学部医学科卒業。自治医科大学で小児科医として2001年まで勤務。同年、真言宗智山派智山専修学院にて修行。03年栃木県鹿沼市の薬王寺住職に就任。17年に医療、看護、介護、宗教の統合施設として、薬王寺の境内地の一画約550坪の敷地に住宅型有料老人ホーム「瑠璃の里」(鉄骨造３階建て)を開設し、顧問として地域福祉支援に尽力している。

扉の写真／「瑠璃の里」で入居者と談笑する倉松俊弘住職

お寺を安心して最期を迎えられる場に

心地よい春風が吹き込む窓からはお寺の甍がよく見える。室内ではおばあさんがのんびりとくつろいでいた。

東武日光線新鹿沼駅から徒歩十五分。栃木県鹿沼市石橋町の住宅街に古刹、真言宗智山派薬王寺がある。その広い境内の一画、約五百五十坪の敷地に、瑠璃色の瓦屋根が輝く鉄骨造三階建ての住宅型有料老人ホーム「瑠璃の里」がオープンしたのは二〇一七年十一月のこと（191頁の写真）。個室三十室を持つ同施設は、訪問看護・訪問介護・居宅介護支援事業所・デイサービスセンター・療養通所介護を併設し、利用者の心身に応じたサービスが受けられる。だがもう一つ、今後、同施設ならではの新たなサービスが動き始めるという。カウンセリングサービスだ。それも、ホームに「菩提寺のお坊さんを呼べるサービス」だというからきわめて画期的。「瑠璃の里」顧問である薬王寺の倉松俊弘《しゅんこう》住職は話す。

「入居者それぞれの菩提寺の住職さんにご協力を得て行う『心のケア』です。瑠璃の里の入居者にはうちの檀家さんもいれば、そうでない方もおられます。当事者や家族が心に不安を抱えた時、話を聞いてほしい時、見知らぬカウンセラーよりも、親しい菩提寺の住職さんのほうがもちろん安心できるはずです。事情の許す限り、菩提寺にもご協力をいただけたならと思っているのですよ」

なんとも、先駆的老人ホームではないか。

いま、国は看取りの場を病院から自宅や民間施設などへと舵を切ろうとしている。一方、近年、動き出しているのが臨床の場における医療と宗教の連携だ。ビハーラ活動、また最近では臨床宗教師などの各種活動で、被災地や医療機関、福祉施設などの公共の場において心のケアを提供することが期待されている。

しかし、死を間近に感じた人が本当の安心を得るための「看取り」の環境は未だ整っていない。臨床の場にかかわる医師や看護師、介護士もほとんど宗教者の受け入れをしていないのが現実だ。

この現状に、「真の看取りをするための一つのステップ」として倉松住職が構想、実現に踏み切ったのがこの老人ホームなのだ。くわしくは後述するが、倉松住職は医

薬王寺の倉松俊弘住職とお寺のケアにも取り組む老人ホーム「瑠璃の里」

師免許も持つ医僧住職である。今はお寺に専念しているが、十数年前までは小児科医として活躍。今も宗派の教区長、栃木刑務所の教誨師や篤志面接委員など僧侶としての活動の一方で、うつのみや病院地域医療連絡協議会委員、独協医科大学看護研究倫理委員、鹿沼市教育委員などを務める。倉松住職はこう話す。

「医療や看護、介護の関係者が診られるのは身体的なことにとどまります。人が与えられたいのちをまっとうするには、心の安心が欠かせない。それを実現するには、聖徳太子が人々の安寧を願って四天王寺に設置したような四箇院が現代に必要です。いわば医療・看護・介護、そして宗教の再統合です。臨床現場にかかわる人は皆、これが必要だと思い始めているのですが、どのように実現したらよいか分からない。そこに至る一つのモデルケースとして、お寺の境内に私の思う看取りを実現できる老人ホームを建てようと考えたのです。住宅型有料老人ホームにしたのは、補助金などもない代わりに規制がないこと。自由な運営ができると考えました」

数年前に境内に隣接していた土地をお寺で買い取り、立地を確保。事業を始めるにあたって、県下で複数の調剤薬局と高齢者向けの福祉事業を展開する旧知の薬剤師の友人に協力を得ることにした。施設の建設も運営も、友人が手掛ける株式会社が請け負っているが、倉松住職の構想に共鳴してくれたことから、その意図を事業内容や設計にすべて盛り込んでくれている。

その一つが、一階の玄関そばに設けられた仏間だ。利用者が亡くなった時には、一緒に生活をした利用者との最後の別れの場にもなる。

仏教行事も行われ、二月十五日には、涅槃図の絵解きをして、お釈迦様の生涯について法話をする。四月には花まつりも実施。倉松住職がお寺から誕生仏を持ってきて、皆で甘茶かけを楽しむ。地域の人を招いて、瑠璃の里でいのちについての法話会を開いたこともある。

「お寺は土地を貸しているだけですが、境内に建てたことで、住職として施設にかかわることができます。檀家やその家族が利用されたら、お話もできる。地域の人もかかわりやすいし、『お寺がやってくれる老人ホームだから安心だ』と喜んでくださって思わぬ株も上がっているようです。余っている土地も活用できるし、これからのお寺の公益事業の一つとして、ぜひすすめたいと思っています」と倉松住職は力をこめる。そこには、医者から僧侶への道に進んだ倉松住職ならではの思いがあった。

お寺から一人くらい医者になったらといわれて

倉松住職は一九五六年、父の隆忠住職とタミさんのもと、四人きょうだいの次男として生まれた。

薬王寺は、今から約八百年前の鎌倉時代に開かれた古刹だ。往時は二十六カ寺の末寺を擁する本寺で、駿河から日光東照宮へと徳川家康の遺骸を運ぶ際には同寺に四日間、逗留した。天海僧正や三代将軍家光の葬送の際も止宿となったという。近代まで境内に東照宮があった。

境内は二千坪近く。山門をくぐると、きれいに整備された庭、本堂、庫裡客殿、檀家墓地が広がる。墓地の裏手に前述の「瑠璃の里」があり、お寺と行き来できるようになっている。

小学校の時には得度を済ませ、棚経の手伝いに励んだ。

「『あの家に行って拝んでこい』と言われて、意味も分からないままに弟とお経をあげに行きましたが檀家さんは喜んでくださいました」と倉松住職は懐かしむ。

倉松住職が子供の頃の薬王寺には、今の本堂の前に幼稚園があり、多い時には四百人の園児が通い、送迎用のマイクロバスが三台もあった。

隆忠住職は学校の教師、それに幼稚園の園長と三足の草鞋の多忙な日々。わが子には放任主義だったというが、「父が『世間の皆ができることは何でもやれるように』というので、囲碁や将棋、麻雀を学び、家族麻雀なんかもよくやっていました」と倉

薬師如来を本尊に祀る薬王寺は今から約800年前に開山された

松住職。オープンな家風、それに幼稚園が境内にあったことは、俊弘少年にも影響を与えたようだ。

「お寺は兄が継ぐことが決まっている。私もお坊さんになるのもいいなと思ったけれど、お寺の幼稚園で元気に遊ぶ子供たちの成長や発達を見るのが好きでした。進路を決める段になって、祖父が『一人くらい、医者になれや』と。それで子供の成長にかかわれる小児科医になろうと決めました」

高校卒業後、北里大学医学部医学科に入学。大学卒業後は自治医科大学小児科学教室に入局し、小児循環器病学を学んだ。循環器系の小児科医として、順調にキャリアを積んでいく。

姉はお寺に嫁ぎ、兄の忠信師は師父から薬王寺を継いで住職に。弟の隆智師も都内のお寺に婿養子として入り、住職の道に進んだ。それぞれの道に進んだ兄と弟だったが、互いにいのちについて深く話し合うようになったのは、時代だった。

四十五歳で病院を辞め仏門に入ったわけ

倉松住職は振り返る。

「当時、医療も宗教界も直面していたのが脳死と臓器移植の問題です。兄は教区長も務めており、宗派の教区代表会でも、その問題をどう捉えるか話し合っていたようです。あの頃は、兄や弟と会うと、『医者としてどう考えるんだ』『僧侶はどう考えるんだ』とお互いの意見を言い合っていました。あとで知ったことですが、兄は医僧であった益子町の西明寺の田中雅博住職のもとを訪ね、脳死についての考え方を聞いていたそうです。非常に関心があったのでしょう」

俊弘師もまた、医者として現場で経験を重ねるうちに医療の限界と「いのち」の問題に思いをめぐらすようになる。

「今でも忘れられない、いのちがあります。医者になって一年目の経験です。急に患者さんの帝王切開が決まったのですが、生まれて来た子は仮死状態で、一時間かけて必死に蘇生マッサージをしたけれど、もう無理と判断し後は自然に任せようと決めたときに、上司に『お前は医者か！　可能性があるならやれ！』と別の施術を命じられた。やむなく施したのですが、赤ちゃんは結局、亡くなってしまいました。痛い思いをさせてしまったと今でも悔いがあります」

医者の予想を超える出来事もあった。

「四つ子の赤ちゃんの一人が脳出血を起こしてしまった時です。お母さんに『難しい状態で今日明日のいのちだと思います』と言い渡したのですが、その赤ちゃんはなんと元気になって退院までしてくれたのです。すごい生命力だと感動した。医者とか、そうした立場によらず、いのちそのものについて、考えるきっかけにもなりました」

医者になって二十年近くが過ぎた頃、開業医を考え始めた。地元に土地を確保し、設計図も書いてもらった。だがいよいよ建設に踏み切ろうとした矢先、兄の忠信住職が病で倒れた。

「脳出血を起こしていたのです。手術でその時は快復したのですが、数年後に教区代表会で本山に行った時に再び倒れてしまった。脳腫瘍だと診断されました」

一命はとりとめたが忠信住職は半身不随となり、車椅子生活を余儀なくされた。

「完全に復帰できる見込みがあればよかったのですが、脳腫瘍はそういう病気ではありません。当時、兄は四十代後半。子供も小さく、お寺を守る人がいない。私は離婚して独り身でした。独立開業しようと考えていた時期でもあり、自由が効く立場にあった。檀家さんに育ててもらった恩もある。兄の子供が大きくなるまでは、私がお寺を守ろうと思ったのです。それに私自身、いのちについて、今度は僧侶として考えたいという思いがありました」と倉松住職は振り返る。

二〇〇一年三月、四十五歳の時に勤務先の病院を退職。同年四月に京都の智山専修学院に入学する。修行の一式を準備してくれたのは、弟の隆智師だった。

「剃髪する時には『俺も一緒にしよう』と並んで剃髪してくれました。弟は僧侶として大先輩。心強かったです」

若い修行僧にまじっての一年間の修行はきつかったが、無事に終えて帰坊。

下山した弟に、兄の忠信住職は「ありがとうな」とねぎらった。

二〇〇三年、四十七歳の時に兄からお寺を継いだ。二年後、忠信師は遷化された。五十三歳の若さだった。

まだ「生きている」間の枕経に力を入れる

お寺を継いだものの、当初は戸惑いも大きかったという。

「いちばん苦労したのが、法話でした。話をするのは好きだけど、お坊さんとして話すのは難しい。最初の一歩を踏み出すのに時間がかかった。初めの一、二年間はお通夜でも法事でも法話ができず、ただお経だけあげて帰っていました」

倉松住職には、お葬式は生きている人のためのものだという思いもあった。

「心を込めてお経をあげるには、生前のその人を知らなくてはいけない。故人の性格も何も分からないままにお葬式をするのは辛かったです」としみじみ話す。

自分は遺族に寄り添えていない、どうすればいいのか。倉松住職がとったのは、僧侶である自分が踏み出していくこと。その一つが、自分なりの死生観に基づく、枕経布教だったというから関心深い。

倉松住職は死生観についてこう話す。

「人の死はどの時点で判断するか。脳死問題はそれを問うものですが、僧侶も独自の死生観を持っていなくてはいけない。医者は死の判定を下しますが、私は僧侶になってからは、あれはまだ死じゃなかったのだと考えるようになりました。むしろ、僧侶こそ、いのちの終わりにまでかかわれる存在なのだと知ることができたのです」

どういうことなのか。

「生命の誕生は、受精卵というこの世にたった一つの細胞から始まります。そこから三十七兆という細胞が生まれていく。そして生命が死を迎えるのは、最後の細胞が亡くなる時です。最後の一個が亡くなるのはいつか分かりませんが、科学的には心臓が止まってから二十四時間以内と考えられます。だから、まだ『生きている』間の枕経の時間はとても大切なのです」

さすがは、医僧である。

それまで薬王寺では訃報を受けると、お寺に来てもらっていた。だが倉松住職は、

『ちょっとご挨拶に行っていいですか』と枕経に駆け付けるようにしたのである。その場で、遺族にこう話しかけた。

「ご主人は亡くなっていると思うかもしれないけれど、まだ亡くなっていませんよ。明日になっても、髪も爪も伸びる。それは細胞が生きているからです。だから今がとても大事なんです。今までの感謝の言葉をご主人の耳元で大きな声で、きちんと伝えましょう。しっかりと聞いてくれていますよ」と。

　檀家たちがそれを素直に受け入れられたのは、「住職はお医者さんだった」と見ていた

老人ホームの１階には仏間も設けられている

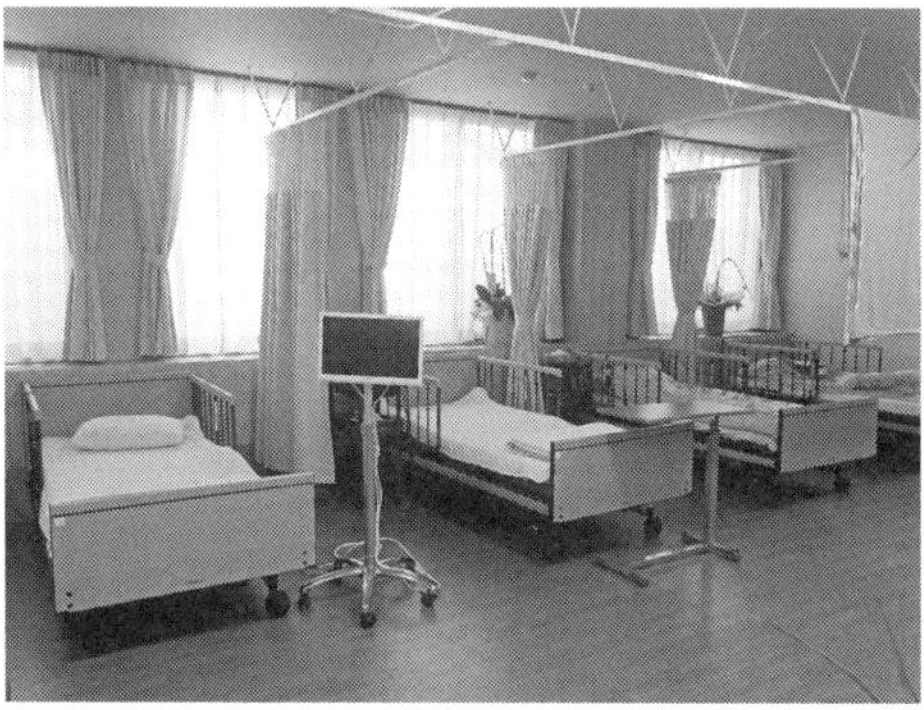
療養デイサービスのためのベッドも完備している

からだろう。菩提寺の住職の見守る前で、遺族が愛する人に語りかける。それはそのまま、グリーフケアにもつながる。同時に、亡き人との関係を住職が共有できる貴重な場ともなったことだろう。少しずつ、お通夜でも法話ができるようになった。

毎月８日の薬師護摩では参詣者と薬師粥をいただく

毎年７月に開催する一日「寺子屋」も大盛況だ

「法を伝えるためには、お寺に人を引き込まなければ」という思いから始めたのが、薬王寺と地域の新たな接点づくりだ。

まず、広報。檀家の息子さんに頼み、お寺のホームページを作成し、年二回の寺報（A４一枚）の発行も始めた。寺報には医者の経験を生かしたエピソードも多い。

お寺の行事にも力を入れた。

薬王寺ではお正月とお盆以外の毎朝六時に、自由参加の勤行がある。毎日、二十人近いお参りが来る熱心な会で、勤行のあと住職が法話。それからお茶を飲んで解散する。倉松住職の代になってからは、毎月八日のお薬師さまの日に薬師護摩祈禱を行うようになった。護摩のあとは、お参りの人たちが作った薬師粥をいただく。

夏休みのラジオ体操に来る子供たちを、お寺につなぐ行事も始めた。ラジオ体操の最終日の七月三十一日に、一日「寺子屋」を開催。勤行、作務に励んだら本堂で夏休みの宿題をする。それからスイカわりを楽しみ、お昼は朝勤行の会の人たちが作ってくれたカレーをいただく。昼寝をしたあとは、写仏の修行。終わったら倉松住職から子供たちに修了証が授与される。毎年六月には、京都の本山への団体参拝も始めた。二泊三日のバスツアーは倉松住職の楽しいガイド付きで盛況だ。職人による聖徳太子を祀る「太子講」も、薬王寺を会場に再開。地域の人が学び合う「まちゼミ」にも参加して瞑想を指導する。

倉松住職がお寺を盛り立てたこの十数年、医療現場にも変化が起きていた。

「お坊さんは全員が臨床宗教師だと思う」

二〇一二年、宮城県で緩和ケアを行っていた岡部健医師（同年他界）により、欧米のチャプレンに対応する言葉として「臨床宗教師」が提唱される。東日本大震災などがあり、その頃より臨床現場でも看取りの問題が注目されていた。宗門や医療関係者の講演に呼ばれるなか、倉松住職が改めて目を向けたのが仏教の臨終行儀だった。

「平安時代に真言宗の臨終行儀の書を記された覚鑁《かくばん》上人の言葉に『身命を惜しむべき用心』『身命を惜しまざる用心』があります。この二つの言葉の違いが分かるようになりました。前者は、医療技術が発達している現代でいえば、病気になっても諦めるこ

行事を増やそうと境内で職人による「太子講」開催

となく頑張れというもの。でも、自分でももうダメだなと分かった時には、あたふたすることなく、お坊さんを呼んで心の準備をしなさい。そうすると不安や怖さがなくなるだろう、と説いている。後者が僧侶の出番です。つまり人がいのちをまっとうしていくには、前者だけでは足りず後者がなくてはならないのです」

地域の「まちゼミ」で阿字観を教える倉松住職

倉松住職は指摘する。

「医療と福祉の進歩で、人の寿命も八十歳から九十歳へと近づき、高齢社会になりましたが、多くは日常生活を送るなかで、支援や介助を必要としています。その『日常』のなかで、安心して人としての生活ができ、安心して家族をはじめ縁ある方々に見守られることが、与えられたいのちをまっとうできることにつながるでしょう。その看取りの場を支えるのは、医療・介護・看護の関係者だけでは力が及ばず、宗教者の力が必要なのです。亡くなってから呼ばれるのではなく、生きている間に安心を届けることです」

医療と仏教の二つの世界に身を置いてきた倉松住職なりの応答が「瑠璃の里」の実現であった。とすれば、菩提寺住職との連携は当然のことだといえる。それは時代の要請ともいう。

「高齢社会で、医療現場も患者やその家族のケアを模索している。最近ではグリーフケアとして、患者が亡くなったあとでも遺族にかかわろうとする動きが出ています。それが必要だと感じているからですが、専門家ではないので、どう接すればいいか分からない。そこに応え得るのは、資格や肩書ではなく、日頃から親しい関係にあり、なおかつ、いのちの問題を話せる菩提寺の住職ではないでしょうか。亡くなられた田中雅博住職と、〝日本には檀家制度という有り難い制度がある。これを活用する必要がある〟とよく話をしました。無論、その要請に応えるには僧侶も自分なりの死生観を持ち、学び続ける必要があります。でも大前提として、私は、お坊さんは全員が臨床宗教師だと思っています。お坊さんがお坊さんのままで、プロとして臨床の場にかかわっていく。医療現場もそのプロとしての営みや言葉を待っているのが今の時代なのです。それが医療・看護・介護・宗教の再統合だと思います。今はまだそう簡単には実現しませんが、この思いを強く持って僧侶として精進しなければいけないと思います」

「瑠璃の里」のような場は、全国のお寺でも空いた土地を利用して実現できるのではないかと倉松住職は期待する。

最後に医者から住職になってよかったのかと聞くと、笑顔でこう話された。

「生と死は区切れるものではなく、一つのライン上にある。兄弟が僧侶だったからこそ、医者の頃からそれを考えることができました。医者は亡くなったところまでしか、かかわれませんが、僧侶はその後のいのちを見ることができる。こんなありがたいことはないですよね。兄がきっとしたかったであろうことを今、させてもらっているのだと思います」

誰もが最期まで安心していのちを輝かせるための薬王寺の新たな試み「瑠璃の里」。これからの日本とお寺に光明をもたらす営みであるのは間違いない。

〔文／本誌・上野ちひろ〕

10

檀家ゼロから千軒余のかけこみ寺に発展させた住職のなんでもやる気

愛知県愛西市稲葉町

浄土宗 大法寺

長谷雄蓮華 住職

PROFILE

1972(昭和47)年、愛知県生まれ。飲食店業を経て、浄土宗の教師資格を取得。96年、伽藍なく檀家ゼロの愛知県愛西市の大法寺住職に就任。「縁切り寺　縁切り供養」の復活、「供養のかけこみ寺」を掲げ、檀家を1000軒に増やす。地元ＣＢＣラジオでは『ラジ和尚・長谷雄蓮華のちょっと、かけこみませんか』『終活応援団！長谷雄蓮華の人生楽らくラジオ』のパーソナリティーとしても活躍している。「一般社団法人かけこみ寺」代表理事。

扉の写真／長谷雄住職は地元ラジオのパーソナリティー

愛知県の郊外愛西市《あいさい》に、一風変わったお寺が再建されたのは二〇一四年のことだ。県道沿いにある樹齢六百五十年のクスノキの大樹が目印の浄土宗大法寺だ。

約九百坪の境内は低いフェンスで囲まれ、「南無阿弥陀仏」「千年樹木葬」「縁切り不動尊」と印刷された色とりどりの、のぼり旗と共に小坊主のイラスト看板がいくつもある。書かれているのは、《お坊さんとお話しませんか　人に言えないこと、聞けないこと　お話ししましょう》や《供養のかけこみ寺はこちらです》だ。その案内に導かれ、参詣者が境内入り口に立つと上の写真の光景が広がる。

ショールームのような趣の大法寺の本堂は2014年に再建

ドライブインのような入り口に、平屋建てのショールームの趣の建物。これが実は大法寺の本堂なのだ。

一見、このお寺らしくないお寺が、近年、めざましい発展を遂げている。なにしろ約二十年前、大法寺の檀家はゼロだった。けれども今や市内外に千軒近くの檀家を抱えるお寺になった。都会でもなく、どちらかといえば昔ながらの農村集落の雰囲気を残す地域のお寺が一体なぜなのか。

いうまでもない、長谷雄蓮華《はせをれんか》住職のアイデアとたゆまぬ行動力のたまものにほかならない。

「こんなに安心なお寺はない」といわれるように

大法寺には二つの大きな特色がある。

一つが、看板にも掲げられた「供養のかけこみ寺」だ。その心は「費用を抑えた供養の提供」であり、少子高齢化など現代事情に応じたメニューの提示といえる。

まず、長谷雄住職が住職就任当初から提唱してきたのは「戒名無料」である。「戒名にお金を取ること自体、意味が分からない」という。その一方で、生前戒名を積極的に勧めているのだ。

次に、葬儀のお布施に「上限」を設定している。二十五万円だ。

お墓も利用者のニーズに応じて、三つの埋葬を準備。一つが境内の霊園（一区画二十五万円〜百万円）、もう一つが前述のクスノキをシンボルツリーとする樹木葬（合祀二十万円、一区画三十七万円〜五十三万円）。加えて、樹木葬にはペット用まである。ペットは、いくらでも良い。さらに、使用料はなんと利用者に決めてもらう「永代供養塔」がある（上限八万円）。

お坊さんと
お話ししませんか
人に言えないこと、
聞けないこと
お話ししましょう
大法寺　長谷雄 蓮華
「とにかく人々のために」と本堂の前で長谷雄蓮華住職

「全国初でしょう。でもなかなか信じてもらえないので、ヤフーオークションにでも出して落札価格で決めてもらおうかと思っていますよ」と長谷雄住職は笑う。

墓地だけでも求めることができるが、大法寺の特色は、地元葬儀社と提携し、お寺で葬儀と納骨も含めたトータルプランを打ち出していること。

たとえば樹木葬の場合、葬儀と納骨含めて一式四十五万円からだ。地元の相場でもかなり「格安」らしい。

お寺主導の葬儀ができるようにと常設された祭壇

これらが葬儀社主導ではなく、文字通りにお寺主導というから、いかにも長谷雄住職のユニークな寺院運営のポリシーがうかがえる。

なぜなら、こじんまりとした本堂ではあるが、いつでも葬儀ができるようにしてあるのだ。

そういえば、ドライブインのような出入り口は、車が出入りしやすい。ショールームのようなお寺の玄関を入ってすぐの広間には、葬儀用の祭壇が常備されているのだ（上の写真）。

こんなお寺も珍しい。三十人ぐらいの葬儀なら、ここで対応できるという。建物内にはお風呂もあるので、必要なら遺族が宿泊もできる。

葬儀ばかりではない。誰にでも供養の場としてお寺を開放しているのだ。昨今は、少子化などで仏壇や遺品などの処分に困る家も少なくない。

大法寺の本堂は、位牌、仏壇供養をしたのちの仏像、それに遺影なども置かれている。預かり費は無料。

位牌や遺影がずらりと安置されている本堂内部

「戒名をもらい、お墓も決まり、葬儀の代金も決まっていればこんなに安心なことはないと思います」

と長谷雄住職。

大法寺に人が集まるのは、もう一つわけがある。お寺の門前に掲げられた大きな看板《お坊さんとお話ししませんか》こそが、人を惹きつけるのである。

ラジオと連動してなんでも相談に乗る

大法寺には昼夜問わず、メール、電話、それに直接の来寺で様々な悩み相談が持ち込まれる。

家族の悩み、病気の悩み、夫婦や不倫など男女関係など。最近も、自傷行為を繰り返す娘を連れて親子が駆け込んできた。

「最初は世間話。そのうち親がいると話せないというので、僕と娘さんの二人で話し合いました。人間関係で悩んでリストカットを繰り返すようになったという。僕、彼女の手首に数珠をかけてこういったんです。『いつでも手首切っていいよ。でも、お数珠は切らないでね。数珠は僕と仏様とつながっているからね』と。やがて娘さんは落ち着いて、ご両親と帰っていかれました。今はだいぶ元気になられたようです」と長谷雄住職は微笑む。

「ストーカーされている」という相談もあれば、逆縁にあって苦しむ親の悩みを聞くこともある。

なぜ、近くにもお寺があるのに、わざわざ大法寺に駆け込むのか。

理由は、長谷雄住職の姿が外からよく見えるからだ。

一つが、「声」である。実は長谷雄住職は、縁あって十年近く前から地元ラジオのパーソナリティーを務めている。現在は地元のＣＢＣラジオで、毎週日曜日の朝八時四十五分から約十分のショート番組『ラジ和尚・長谷雄蓮華のちょっと、かけこみませんか』と、やはり毎週日曜日夜七時半からの『終活応援団！　長谷雄蓮華の人生楽らくラジオ』だ。とりわけ前者は、ラジオ版駆け込み寺で、リスナーからの仏事相談などを受けて、答えるという番組。ラジオ局から長谷雄住職に声がかかったのは、それなりの理由もある。

たとえば、最近の放送に寄せられたのはこんな相談だ。

「父の葬儀のお礼にお寺にご挨拶に伺ったところ、ご住職からお布施が少ないと叩きつけられました。妹が散らばったお金を拾っている姿が悲しかったです」

これに、長谷雄住職の回答はといえば、

「お坊さん、偉くないですよ。甘やかしちゃいけませんね。お釈迦様やお寺を歴代守って来られた方は偉いけれど、お坊さんは皆さんと同じ立場なんです。ちょっとコンダクトするだけ。だから、皆さんでお坊さんを育てていきましょうよ」

えっ、そんな回答⁉　と思うが、この率直なもの言いこそ放送局の求めていたもののようだ。事実、人気上昇中という。

ラジオと連動して始めたのが、月数回の無料相談会だ。会場は、ラジオ局のロビーやスーパーの一画、日本赤十字社の血液センター、それに大法寺と様々。相談時間は昼過ぎから夕方五時までで、ブースを出して、作務衣姿で相談者を待つ。相談料は無料だが、「日本赤十字の会場は献血することが条件です」とのこと。

「若い人から、お年寄りまで本当にいろんな方が相談に見えます。なかには、弁護士に相談するような話もあるし、席に着いた途端、泣き出す人もおられます」

姿が見えると人は安心する。「あのお坊さんに話を聞いてほしい」と大法寺に足を運ぶ人が増えているというわけだ。

だが、相談は重いものも多い。加えて檀家千軒ともなれば、法務をこなすだけでも大変だが長谷雄住職は、屈託ない。

「悩み相談に頷いて、泣いていた人が笑顔に変わっていくのを見るのが嬉しい。それに、僕自身、ここまでくるのには死んだほうがましだと思ったことは何度もありました。お坊さんのきれいな話は腑に落ちない。泥をなめ、地獄を見たからこそ答えることもできるのです」

戦後廃寺のようになっていた縁切り寺が…

大法寺は名古屋駅から電車で約三十分、名鉄尾西線日比野駅で下車。駅から徒歩約十分のところにある。かつては三十八町歩もの寺有地をもつ尼寺だったという。

「大法寺は、かつて『おわりはじまりの寺』という縁切り寺で知られた尼寺でした。でも戦後の農地解放で土地を失い廃寺のようになってしまったんです」と長谷雄住職は話す。信者寺で檀家もなく、縁あって長谷雄住職の師父、伸也師がお寺に入った時は江戸時代に建てられた十間四方の大本堂と庫裡を残すのみ。伸也住職は、お寺と家族を支えるため本山に勤め、また写真の仕事なども手掛けていた。

一九七二年、同寺の三人きょうだいの次男として生まれたのが、蓮華師だ。

兄の文彰師とは十歳違い。

「私は次男だったので、いずれは近くのお寺に婿養子に入ることになっていました。子供の頃から手伝いに行って、そこの老僧には可愛がっていただきました」と振り返る。何もなければ、今頃はそのお寺の住職だったかもしれない。だが、事件が起きる。

中学三年の冬の日だった。

「学校に行く前、庫裡で朝ご飯を食べていると変な音が聞こえる。外に飛び出ると、本堂からもうもうと煙が上がっていたのです。変な音は棟が焼け落ちる音だったのです……」

江戸時代に建立された木造本堂は火の回りが早かった。お寺にいたのは母親の久美子さんと、蓮華少年だけ。なすすべもない。しかも雪の日だったことから、消防車の到着に時間がかかった。本堂はまたたくまに、灰燼に帰した。

出火の原因は分からなかった。お寺が燃えたのも辛かったが、多感な少年にとっては追い打ちをかける辛い出来事があった。一つは家庭内のこと。母親は「本堂が燃えたのは私のせいだ」と自分を責めていた。母親のその姿を見るのが辛かった。もう一つは、学校だった。

「当時、中高一貫の宗門校に通っていたのですが、先生たちに『寺に火を付けたのはお前だろう』といわれたのです。『俺だったら燃え盛る本堂に飛び込んでも仏様を助けた』なんてことを平気でいう人もいました。学校に行くのが嫌で嫌でね。僕は今でいう鬱になってしまいました」

だが中高一貫校では逃げ場もない。

とにかく、この状況から逃げたい。その一心で高校一年生になった時、マクドナルドでアルバイトをして「逃亡資金」をためた。五十万円ほどたまった時、親にも、誰にもいわず、上京。高校は中退した。

「当時はもう坊さんになる気持ちは、かけらもありませんでした」と振り返る。

バブルの水商売から僧侶の道に戻ったわけ

上京後、恵比寿に四畳半、家賃二万五千円の部屋を借りた。最初は、写真スタジオにもぐりこんで、糊口をしのいだ。

東京にも慣れた頃、仲間と歌舞伎町に開いたのが飲食店だ。当時はバブルの終わり頃。まだ歌舞伎町のネオンは元気だった。二十歳そこそこだったが、商売は当たり何店舗も経営するようになったというから大したものだ。「笑いが止まらないくらいの売り上げでした」と話す。

浮世大学でもまれていた蓮華青年を僧侶の道に引き戻したのは、かつて養子に入るはずだった先の老僧だった。

きっかけは兄の文彰師のこと。大正大学卒業後、東京の祐天寺に随身していた文彰師が京都の平等院の養子に入ることになったのだ。

「兄は大法寺に戻る気はなかったのだと思う。老僧から電話がかかってきて〝お前はこの先、どうするんだ。兄さんに迷惑かけるな。資格だけでも取るように〟といわれました。それで、僧侶の資格を取ることに決めたのです。当時、三週間四セットで足かけ三年、講座を受講すれば教師資格を得られましたから」

資格取得後、紆余曲折あって大法寺に戻ることにした。二十四歳の年に住職に就任。とはいえ、境内に残るのは庫裡とクスノキのみ。檀家もゼロ。本堂再建なんて誰もが夢のまた夢かに思えたことだ。

だが、大学出たての二十四歳ではない。すでに商売の経験もある。近隣のお寺を手伝ったりしながら、再建の道を練った。

どうしたら、檀家が増えるのか？

葬儀を受けるたびに檀家が増えたのはなぜか

まず徹底したのは、今でいえば「施主ファースト」な葬儀の追求といえる。

「葬儀には多くの方が集まる。ならば、どこに出ても恥ずかしくない葬儀をしようと思いました。それにはエンターテインメントに徹することだと思った。感覚的に印象に残る退屈させない葬儀です」

導師入場の際には、散華をまいた。声の出し方一つにも工夫した。要所、要所で説明も行い、法話も練った。たとえ初めての人でも「仏様、いい顔されていますね」と声をかけた。思いは通じた。参列者に「あの時のお坊さんの葬儀はよかった」と印象に残ったからだ。「今でもお通夜のお説教や葬儀を機に、檀家が一軒、二軒と増えます」というから凄い。取り組みは「戒名無料と葬儀費の明瞭化」にもつながる。尾張地方の葬儀は導師以外に三人の僧侶が出仕するのが慣わしだったという。

「でも四人出仕した葬儀のお布施は四十五万円。それを役僧さんと分担すると導師に入るお布施は三十万円。それなら、僕が一人で葬儀を三十万円で受けるほうが、施主にも負担がかからないですよね」。いわば儀式と費用の両輪の葬儀改革。

元商売人の才覚で時代のニーズにお寺から先手を打ったというべきか。先行き不透明な時代、庶民がどこに安心を求めるかを察知したということだろう。葬儀費も当初は目安を伝えていたが「払えないから葬儀ができない」という声を聞いて悲しくなり、上限二十五万円とした。

前述した、生前戒名もその一つ。大法寺では生前授戒を勧めるが、希望者は左頁の写真の「戒名面談申込書」を渡される。「好きなもの」や「性格」「趣味」などを書く欄がある。この書面をもとに、長谷雄住職が戒名を授けるわけだ。自分の生き方と戒名がつながっていることが実感してもらえるに違いない。お寺にとっても「戒名を授けたから、大法寺にお葬式を頼む」ことが確約されたことになる。

手痛い経験もあった。本堂再建の足しにしようと、墓地を造成。墓石もすべて自前で販売。だが他人に経理を任せたところ、裏切られ、すべて持ち逃げされてしまったのだ。ショックだった。

地元のお寺にも反発をかった。だが、出る杭は打たれるが、動く者に世間は目を向ける。「お説教のうまいお坊さんがいる」。そんな噂も立ったのか。地元のラジオ局から僧侶として出演してほしい、と声がかかったのだ。十年近く前のこと。

生活の糧でもあったというが、ラジオ出演は無名の青年には強力な「武器」となった。話術も磨かれたことだろう。「ラジオに出ていたね」と話の糸口にもなる。信頼にもつながった。檀家はゼロからみるみるうちに増えていった。

二〇一四年、こつこつ貯めた二千八百万円でついに本堂を再建。あえてシンプルな造りにした理由をこう話す。

「大工さんに聞いたら一億円かけて作った本堂は、メンテナンスに一億円かかると聞きました。それなら、身の丈にあったものでいい。入りやすいよう山門も取り払い、境内もインターロッキング舗装にしました。子供が遊びに来たくな

戒名面談申込書

フリ仮名			
申込者名			
住　所	(〒　　　)		
(電話番号)			
職　業 (現役時)		好きな文字	
好きな事、もの			
性　格			
趣　味			
生き様			
出生地		院号希望　する　しない	

自己紹介欄付きの生前戒名の申込書シート

るように、ブランコや滑り台も置きました」

それが今のお寺の形になった。前後して慶事も。奈津子さんとの結婚だ。事務仕事に長けていた奈津子さんは、あっという間に、檀家名簿を整理した。強力な助っ人だ。二人の間には奈津子さんの連れ子も含めて今や四人の子供がいる。にぎやかなお寺になった。

「檀家が減ってるなんて信じられない」というわけ

さて大法寺は新たな縁作りの取り組みもスタートさせた。一つが、冒頭の樹木葬であり、もう一つが「縁切り供養」だ。長谷雄住職はこう話す。

「火災に遭い、唯一、この寺の歴史を伝えるのが樹齢六百五十年のクスノキ。それを生かした供養ができないかと考えたのが、クスノキをシンボルツリーとした樹木葬でした。縁切り供養

生前授戒の希望者は増加中

樹齢650年のクスノキをシンボルにして開設した樹木葬墓地も受けている

縁切り供養も2016年に復活させた

は、この寺のかつての縁切り寺の機能を今に復活させたいという思いからです」

もっとも奈津子さんによると、

「本当にいろんな縁切りの依頼が来ます。なかには『息子の彼女が気に入らないから、縁を切ってほしい』という親御さんもありますよ」と笑う。

ただ、そうして間口を広げることは、様々な悩みが持ち込まれることでもある。

「樹木葬墓地を買われた直後に自殺された方がいました。とても辛かった。運命は変えられないというけれど、どこかでボタンをかけ替えられたのではないか。そう思うと本当に悔しい」と奈津子さんは静かに話す。

だが、大法寺は「かけこみ寺」としてその存在を大きくしているのは間違いない。長谷雄住職もまた、今の時点でとどまる気はまったくない。いや、ますますパワーアップしている。数年前からなんと落語を学び、老人ホームなどで仏教落語を披露し、お年寄りを力づけている。

道路沿いにある掲示板に励まされる人も…

年中行事や毎月のセミナー以外にお寺を地域の人のコミュニティカフェとしても開放。月数回、「命の相談会」と名付けた新たな相談の場も設けている。

そして近い将来、第二、第三の大法寺が生まれるかもしれない。なぜなら、長谷雄住職は本堂に祀られた三体の仏像を見上げ、こう力強く話されたからだ。

「この三体の仏像のうち、あとの二体はこれから作るお寺の本尊にするつもりです。いずれ、都市部の住宅地で、お寺を作りたいと思っています」

そして、こうも話す。

「大法寺に帰って思ったことは、お坊さんは本当に面白い。そして、お寺は人々から求められているという実感です。檀家が減っているなんていう声は信じられない。増やそうと思ったら、いくらでも増やせる。戒名無料でいいじゃないですか。お布施だって安くていい。いいものを打ち出せば、人は集まって来る。これからのお寺は、僧侶自身が腹をくくり、踏み切れたところで、求められるのだと思う。私はそう確信しています」

求められるところに、お寺ができる。ニーズに気づかせるのは、僧侶の役目。大法寺の活動はそんな原点を感じさせる営みに満ちている。

〈文／本誌・上野ちひろ〉

『月刊住職』

わが国の伝統仏教全宗派の寺院住職および僧侶の活動に資する実務情報を提供するため1974(昭和49)年7月に創刊された月刊誌。A 5判2色刷り約200頁と毎号法話特集の別冊付録12頁。主に寺院や仏教にかかわるあらゆる出来事を実地に取材し2020年に創刊46周年を迎える仏教界に定評ある月刊報道誌。

編集部— 2020 年 3 月現在
矢澤 澄道
上野 ちひろ
関根 亮
和田 博文
大瀧 桃子
長谷川 葉月（装丁）
河合 一条

みんなに知ってほしい
日本のものすごい10人の住職

2020年4月20日　第1刷発行
2020年8月20日　第2刷発行

編　者　『月刊住職』編集部
発行者　矢澤 澄道
発行所　株式会社 興山舎
〒105-0012 東京都港区芝大門1-3-6
電話 03-5402-6601
振替 00190-7-77136
https://www.kohzansha.com/
印刷
製本　中央精版印刷 株式会社

ISBN978-4-908027-86-4　C0095
定価はカバーに表示してあります。